Wer immer schon wissen wollte, was sein Pferd so denkt, ist hier richtig. Pfridolin Pferd, Pferdeblogger und selbsternannter Meisterdetektiv *(Tod im Misthaufen, Tödlicher Tierarzttermin* und *Tödliche Traversale)*, lässt uns hier an seinen Erlebnissen im Reitunterricht teilhaben. Nicht nur, dass er mit einer begeisterten, aber zutiefst untalentierten Besitzerin geschlagen ist, muss er auch noch ihr Faible für Rosa und akkurat schief geschnittene Mähnen ertragen. Aber Pfridolin wäre nicht Pfridolin, würde er dem nichts Positives abgewinnen und nach Herzenslust über „die Frau" herziehen. Zum Glück gibt es ja auch noch Frau Reitlehrerin, die alles weiß und vor allem alles erklären kann. Die besten Geschichten aus dem Blog zum Anfassen, Verschenken und Selberlesen und neue Kapitel darüber, wie alles begann.

Pfridolin Pferd ist ein Freizeitpferd, mit Betonung auf Freizeit. Wenn er gerade nicht schreibt, wohnt er in einem Reitstall mit Gruppenauslaufhaltung und bemüht sich um ein Liebesleben.

Pfridolin Pferd

… und ich dachte, Reiten kann man lernen...

Geschichten vom Pferd

*Bibliografische Information der Deutschen
Nationalbibliothek:
Die Deutsche Nationalbibliothek verzeichnet diese
Publikation in der Deutschen Nationalbibliografie;
detaillierte bibliografische Daten sind im Internet über
http://dnb.dnb.de abrufbar.*

© 2020 Pfridolin Pferd

*Herstellung und Verlag: BoD – Books on Demand,
Norderstedt*

ISBN: 978-3-7526-5817-0

Wenn ich mich so umgucke, kenne ich ganz schön viele tolle Leute – nämlich alle, die meine Geschichten kennen und mögen. Danke, dass es euch gibt - ihr seid einfach die Besten!

Viele kennen Frau Reitlehrerin, die Frau und mich ja schon - von Facebook, Twitter oder vom Blog (pfridolinpferd.com). Manche aber noch nicht – für die gibt es zusätzliche Erklärungen. Außerdem erzähle ich, wie alles begann.

Ich freue mich, dass ihr hierhergefunden habt und hoffe, dass euch das Lesen genau soviel Spaß macht wie mir das Schreiben. Nein, halt, das war gelogen. Schreiben tu ich eigentlich nur, um reich und berühmt zu werden und genug Geld für eigene Möhren zu haben, wenn mich die sogenannte Besitzerin mal wieder auf Diät setzen will.

Die Frau und ich lernen uns kennen

Es war ein schöner Novembertag. Nichtsahnend stand ich in meiner Box, futterte mein Heu und ärgerte die Nachbarn, soweit das durch die Gitterstäbe möglich war. So wie immer, eigentlich. Seit mich meine letzte Besitzerin auf der Weide eingefangen und mit Möhren in den Pferdehänger gelockt hatte und ich die Box beim Händler bezogen hatte. Angeblich sollte der mir eine neue Beziehungspartnerin vermitteln. Ich war ehrlich gesagt entsetzt, dass mein bisheriges Lotterleben ein so jähes Ende gefunden hatte, bemühte mich aber, das Beste daraus zu machen. Zwischendurch kamen immer mal fremde Leute. Die gingen aber auch wieder. Auf jeden Fall war das Heu lecker und reichlich, und das ist ja nun mal die Hauptsache.

Tja, und eines Tages war dann SIE da. Ich stand nichtsahnend in meiner Box, da fiel sie mir auch schon um den Hals - mit Herzchen in den Pupillen. Sie machte einen freundlichen, charakterschwachen Eindruck und hatte Leckerlis in der Tasche. Damals dachte ich mir nichts dabei. Heute weiß ich: Sie hat mich bestochen.

Sie erschien mir begeisterungsfähig und nicht allzu mutig - die besten Perspektiven für ein stressfreies Leben mit zahlreichen guten Mahlzeiten. Außerdem war sie damals schlanker als heute und ich ahnte noch nichts von ihrem unseligen Faible für die Farbe Rosa, geschweige denn ihrer Vorliebe für krumm und schief geschnittene Pferdemähnen. Also lächelte ich die fremde Frau an. Der Händler lächelte auch, und zwar mit allen Zähnen. In seinen Augen erschienen Euro-Zeichen. Die nicht mehr ganz so Unbekannte himmelte mich weiter an und frage, ob sie denn nochmal in meine Box reindürfte. „Aber sicher doch", antwortete der Händler.

Gesagt, getan. Ich rechne es mir bis zum heutigen Tag hoch an, dass ich ihr nicht einfach die Jacke mit den Leckerlis vom Leib gerissen habe, sondern es bei einer charmanten Andeutung beließ. Sie reagierte wie gewünscht. Ich war begeistert. Ein Kilo Leckerlis später fragte der Händler, der anscheinend Angst hatte, sie würde sich bei mir in der Box häuslich einrichten, ob sie mich denn mal probereiten wollte. Ach so, ja. Da war doch was. Ich nahm meine Nase aus ihrer

Jackentasche und half ihr beim Halfteranziehen. Ich kann nämlich sehr charmant sein. Deshalb habe ich ihr auch nicht gezeigt, dass ich ganz prima Knoten aufmachen kann, als sie mich auf der Stallgasse angebunden hatte und unbedingt selbst putzen wollte. Wenn ich so darüber nachdenke, hätte ich eigentlich Diplomat werden sollen und nicht Freizeitpferd.

Während der Händler freundlich lächelnd und mit rotierenden Euro-Zeichen in den Augen neben uns stand, plante er seinen Sommerurlaub. Die Frau tätschelte an mir herum und brabbelte selbstvergessen auf mich ein. Das Lächeln des Händlers wurde breiter. Aus zwei Wochen Malle mit Halbpension wurden ganz schnell zwei Wochen All-Inclusive. Die Frau stellte fest, dass ich „ein ganz armer Junge" wäre, der dringend neues Putzzeug und neue Anziehsachen bräuchte. Aus Mallorca wurde die Karibik. Oder vielleicht doch eine Kreuzfahrt? Glückselig half der Händler beim Satteln und wir marschierten in die Reithalle, wo die Frau so tat, als würde sie mich sachkundig mustern. Nach einigem Hin und Her schwang sie sich ungelenk in den Sattel. Sie war schwerer als ich dachte. Verdammt. Auch sie war überrascht, denn sie bescheinigte mir mit einem hektischen Schnaufen „äußerst schwungvolle Gänge". Ich dagegen bescheinigte ihr einen unausbalancierten Sitz und eine deutliche Hüftsteifigkeit, weshalb sie wie ein kleiner Mehlsack auf mir herumrutschte. Wenn sie mir nicht gerade ins Kreuz fiel.

Glücklicherweise verließ sie der Ehrgeiz schnell und sie wollte absitzen. Der Händler beglückwünschte sie zu ihren reiterlichen Fähigkeiten. Sie strahlte glücklich. Nur noch ein Termin für die Ankaufsuntersuchung ausgemacht und mein Weg in ein neues Zuhause mit wenig Arbeit und viel Essen war frei. Die Ankaufsuntersuchung war meiner Meinung nach komplett überflüssig, weil sie mich auch gekauft hätte, wenn ich nur drei Beine gehabt hätte, aber so sind sie nun mal, die Frauen. Süß und unlogisch. Ich verabschiedete mich von meinen Nachbarn, indem ich jedem nochmal die Zunge rausstreckte und ihnen versicherte, so doofe Pferde wie sie würde eh keiner kaufen. Diplomatie kann ich.

Ich ziehe um und die Frau unternimmt erste Erziehungs- und Reitversuche

Ich bin umgezogen. Aus meiner alten Box raus, in den Hänger rein (es waren Möhren im Spiel, da konnte ich nicht nein sagen), aus dem Hänger raus und in eine neue Box rein. Anscheinend gehöre ich jetzt der Frau mit den Herzchen in der Pupille, die gerade irgendwas von „Piaffe" und „Turnier" murmelt. Ich bin entsetzt. Das war so nämlich nicht abgemacht. Schließlich bin ich ein Freizeitpferd, mit Betonung auf Freizeit. Ich tröste mich mit dem Gedanken, dass sie das schnell merken wird.

Meine neue Besitzerin, die ich der Einfachheit halber „die Frau" nenne, hat eine eigene Reitlehrerin. Anscheinend ist sie ein schwieriger Fall. Das hat wahrscheinlich damit zu tun, dass sie ständig von Piaffe und Passage spricht. Wenn die Frau grad nicht guckt, verdreht Frau Reitlehrerin die Augen, das entgeht der Frau aber völlig. Generell scheint sie nicht die Allerschlaueste zu sein. Aber fürs Denken hat sie jetzt ja mich.

Ich mache mich mit meinen Boxennachbarn bekannt, die größtenteils harmlos sind. Neben mir wohnt Dolores, eine attraktive Stute, mit der ich sofort einen heißen Flirt beginne. Sie scheint nicht uninteressiert. Auf jeden Fall quietscht sie nicht ganz so empört wie ~~die anderen~~ die meisten. Ich glaube, sie liebt mich.

Auf der anderen Seite wohnt ein schwarzer Tinker namens Faxe. Bevor ich noch dazu komme, ihm zu erklären, dass er jetzt einen neuen Chef hat – nämlich mich – erscheint schon wieder die Frau, und zwar mit einem Halfter.

Sie hat nämlich bei verschiedenen anderen Leuten gesehen, dass die mit ihren Pferden spazieren gehen. Das will sie auch. Kann ja schließlich nicht so schwer sein, wenn das alle machen. Halfter drauf, Strick dran und los. Erstmal dem Pfridolin den Stall zeigen. Damit war ich grundsätzlich einverstanden. Ich habe mir auch gleich gemerkt, wo das Futter herkommt. Schadet ja nicht, wenn man informiert ist.

Kraftfutter gäbe es allerdings nicht, hat sie mir erklärt. Heu und Mineralien müssten reichen, und mit etwas Sport würde mein Wohlstandsbäuchlein sicherlich bald verschwinden. ~~Sport? Wohlstandsbäuchlein? Ich höre wohl nicht richtig!~~ Mit diesen Worten tätschelt sie an meinem wohlgeformten Körper herum. Dolores sieht mich an und schiebt mir etwas von ihrer Heulage herüber. Ich finde das sehr romantisch. Liebe geht halt doch durch den Magen.

Die Frau scheint im Großen und Ganzen lieb und harmlos zu sein. Ihre Begeisterung für Sport und Spaziergänge auf öffentlichen Straßen und Wegen teile ich allerdings nicht. Ich finde Sport anstrengend und LKWs gruselig. Radfahrer auch und Trecker erst recht. Außerdem habe ich mir gemerkt, wo der Stall ist. Sie anscheinend nicht, so ziellos, wie sie in der Gegend rumeiert. Da helfe ich doch gerne aus und gehe schon mal vor. Sie kann ja mitkommen, wenn sie schnell genug ist. Das tut sie auch. Laut zeternd. Ich bin beeindruckt, wie gut sie gleichzeitig laufen und fluchen kann.

Lernen tut sie allerdings nicht so schnell, weil sie nämlich gleich am nächsten Tag wieder mit mir losmarschieren will. Unser nächster Ausflug klappt aber viel besser. Ich finde heraus, dass man unterwegs Gras essen kann und dass die Frau irgendwann aufhört, am Strick rumzuzerren, wenn ich die Nase partout nicht aus dem Gras nehme. Den Spaziergang runden wir wieder mit einem abschließenden kleinen Wettrennen zum Stall ab, das ich natürlich mühelos gewinne. Leider ist die Frau zwar niedlich und klein, aber dafür eine schlechte Verliererin. Sie zürnt und überhäuft mich mit Schimpfwörtern und guckt dabei ganz wild. Irgendwie putzig. Ich beschließe, kleine Frauen mit großem Wortschatz zu mögen.

Während ich sie verliebt angucke, kristallisiert sich der Kern ihres Problems heraus. Die Frau hält sich nämlich grundsätzlich für ein Naturtalent und braucht vor allem keinen Unterricht in Bodenarbeit. Hierüber hat sie mal ein Buch gelesen – na ja, zumindest mal reingeguckt – und deshalb kann sie das. Stichwort natürliche Dominanz!

Ich sehe das anders. Ganz offensichtlich bin ich größer und stärker als sie, noch dazu klug und – im Gegensatz zu ihr – mit einem guten Orientierungssinn gesegnet. Sie dagegen kann noch nicht mal auf sich selbst aufpassen und ist ohne mich hilflos. Ich als Fast-Hengst und selbsternannter Frauchenretter kenne mich mit sowas aus.

Leider weiß sie meine Fürsorge nicht zu schätzen, sondern beschwert sich bei allen darüber, was für einen schwierigen Charakter ich hätte und wie ängstlich ich doch wäre. Bei ihren Reiterfreundinnen, bei Frau Hufschmied, beim Mann – sie hat nämlich einen eigenen Mann, an dem sie immer rumnörgelt. Also fast wie bei ihr und mir. Unfairerweise muss der sie aber nicht herumschleppen. Bei all denen hat sie sich schon ausgeheult. Das hat aber nicht geholfen.

Also tut sie das, was sie in Stress-Situationen immer tut: Sie kauft ein. Viele Bücher zum Thema Bodenarbeit und Pferde-Erziehung. Vom Bücherkaufen wird es aber komischerweise nicht besser. Nach wie vor enden unsere Spaziergänge damit, dass wir nur dann gleichzeitig wieder am Stall ankommen, wenn sie sich ordentlich beeilt. Die Frau seufzt und hat es schwer. Manchmal schaut sie auch in die Bücher rein, aber irgendwie hilft das nicht wirklich.

Eines Tages kommt dann der Moment, den sie insgeheim gefürchtet hat: Sie sieht ein, dass ein klein bisschen Bodenarbeitstraining nicht schaden könnte. Also, natürlich nicht regelmäßig. Ein-, zweimal müsste reichen, schließlich kennt sie sich aus und will Piaffe reiten. Da kann man sich nicht im gleichen Maß um solche Nebensächlichkeiten wie Bodenarbeit kümmern. Und so fügt es sich gut, dass es bei uns im Stall eine Bodenarbeitstrainerin gibt. Sie ist klein und böse und die Frau gibt ihr Geld dafür, dass sie streng zu mir ist. Ich weiß ja nicht.

Bodenarbeit

Ich gebe zu, ich habe mich schlecht benommen. Aber ist das ein Grund, jeden Tag Bodenarbeit zu machen, bis ich mich gesittet benehme und die Frau nicht mehr über den Haufen renne, wenn ich es eilig habe? Ich kann doch nichts dafür, wenn sie so langsam ist.

Seit die böse kleine Frau in unser Leben getreten ist und ihr den Floh mit der Bodenarbeit ins Ohr gesetzt hat, ist die Frau unausstehlich und nicht wiederzuerkennen. Ich meine, sie war vorher schon verwirrt und wusste nicht, wohin sie wollte, aber jetzt geht es pausenlos vorwärts, rückwärts und rechts und links gleichzeitig. Jedenfalls sagt ihre Körpersprache das. Ich habe die böse kleine Frau beobachtet, sie muss manchmal auch lachen.

Ist das gut oder schlecht?

Ich weiß auch gar nicht, wieso die Frau mit mir spazieren gehen will. Zuhause im Stall ist es doch schön. Sonst wäre ich doch gar nicht da hin gezogen, oder? Ich meine, es hat der Frau doch mal so gut gefallen, dass sie gesagt hat, das wäre mein neues Zuhause. Und jetzt will sie wieder weg? Ich glaube, sie ist ganz schön vergesslich. Und wenn wir dann vom Stall weggehen und sie mit mir irgendwelche komischen Schlangenlinien läuft, weil sie sich verirrt hat und ich ihr – nett und hilfsbereit wie ich nun mal bin – den schnellsten Weg nach Hause zeige, ist es auch nicht richtig.

Und wisst ihr, was das Schlimmste ist? Die Frau gibt der bösen kleinen Frau sogar Geld dafür, dass sie ihr beibringt, wie sie mich mit dem Seil verhaut. Leidenschaftslos und dosiert. Tut aber trotzdem weh. Und wenn wir dann endlich wieder am Stall sind, muss ich noch weiter arbeiten! Statt dass wir uns alle freuen, dass wir dieses Abenteuer unbeschadet überstanden haben, obwohl die Frau daran beteiligt war. Möchte mich vielleicht jemand adoptieren? Ich bin hübsch, klug und sehr häuslich.

Nach nur zwei Übungseinheiten beschließt die Frau allerdings, dass sie jetzt alles weiß, was sie zum Thema Bodenarbeit wissen muss. Als Naturtalent hat man sowas ja schnell drauf. Stattdessen widmet sie sich nun anderen Dingen, zum Beispiel dem Rumstehen und Quatschen. Oder dem Rumlaufen und Quatschen. Spazierengehen macht nämlich viel mehr Spaß, wenn man zu mehreren ist. Ich kenne ja jetzt schon einige von den neuen Pferden, weil wir gemeinsam aufs Paddock gehen.

Im Herbst und Winter ist hier nämlich Paddock angesagt. Da gibt es jede Menge Heu und Halfterziehspiele. Das gefällt mir gut. In meinem alten Zuhause war ich nämlich immer in der Box, wie so ein Käfighuhn. Damit ist gottseidank Schluss. Dafür gehen wir jetzt mit den anderen Pferden und ihren Besitzerinnen spazieren. Also ich mit der Frau und die anderen kommen halt auch irgendwie mit.

Eine weitere Neuigkeit: Es hat sich herausgestellt, dass mein anderer Boxennachbar gar nicht so übel ist. Ihr erinnert euch, der schwarze Tinker. Er heißt Faxe und ist mein neuer bester Freund. Intellektuell kann er mir natürlich nicht das Wasser reichen, aber er ist toll flauschig. Das ist auch irgendwie schön. Unsere Besitzerinnen mögen sich auch, weshalb wir oft zu viert draußen rumlatschen. Sie sind auch beide nicht so sportlich und vor allem nicht multitaskingfähig. Wenn sie miteinander quatschen, vergessen sie den Rest der Welt und Faxe und ich können heimlich Gras essen. Gras essen kann man natürlich auch, wenn man alleine ist. So langsam, wie sich die Frau fortbewegt, ist das kein großes Kunststück.

Der Weg ist das Ziel

In meinem Fall ist das der Weg nach Hause. Ich kann gar nicht verstehen, warum die Frau so ein Bohei ums Ausreiten oder Spazierengehen macht. Ich weiß, wo ich wohne, die Frau hat den Stall zusammen mit mir ausgesucht, mir gefällt es da, und wenn das arme verwirrte Wesen, das meine monatlichen Rechnungen bezahlt, meint, ihre Erinnerung sei diesbezüglich getrübt, dann helfe ich ihr gern auf die Sprünge. Ich will ja nicht, dass sie mich aus Versehen irgendwo an der Leitplanke anbindet, bloß weil sie den Heimweg nicht findet. Womöglich mit einem Schild um den Hals „Zuhause gesucht".

Ja, zugegeben, ich war einmal SEHR böse auf dem Nachhauseweg, weshalb die Frau jetzt gefühlte dreißig Jahre Erziehungsdefizit in drei Monaten aufholen will. Das macht aber keinen Spaß.

Vor allem nicht, seit sie das böse Gebiss entdeckt hat. Wenn ich damit beim Spazierengehen dynamisch rumhüpfe, um ihr den Heimweg zu zeigen, tut das weh und ich muss ganz viele zusätzliche Kringel laufen und mindestens fünftausend Mal rückwärtsgehen. Manchmal bin ich mir auch nicht sicher, ob das taktische Manöver der Frau sind, weil sie sich verlaufen hat und hofft, so per Zufall den Stall wiederzufinden. Und dann muss ich mich auch noch ihrem Tempo anpassen, weil sie sich mit ihren ~~Gehwarzen~~ kurzen Beinchen einfach nicht vernünftig bewegen kann. Jede dreibeinige Schnecke ist schneller!

Wobei: Langsam gehen heißt ja für meinereinen „Gras to go". Fortbewegung und Nahrungsaufnahme in einer fließenden, einheitlichen Bewegung, die der Gehgeschwindigkeit der Frau perfekt angepasst ist. Mit anderen Worten: Man wird ordentlich satt dabei.

Nun gehen wir ja nicht nur spazieren, weil die Frau sich außerdem noch dieses „Reiten" in den Kopf gesetzt hat. Es gibt also regelmäßigen Unterricht (davon später mehr) und vor allem Frau Reitlehrerin, die alles weiß und vor allem alles erklären kann.

Die Frau, die ja nichts für sich behalten kann, hat sich bei Frau Reitlehrerin darüber beschwert, dass ich mich beim Spazierengehen so schlecht benehmen würde und dass ich so ganz anders als Frau Reitlehrerins Pferde wäre. Ihre wären nämlich so toll brav und würden nie Blödsinn machen.

Tja, meint Frau Reitlehrerin, das läge an der Erziehung!

Aha, sagt die Frau, leicht verschnupft. Erzogen wäre ich ja, hätte aber leider so einen schwierigen Charakter.

Ich bin beleidigt, lasse mir das aber nicht anmerken.

Frau Reitlehrerin meint, dass man das sicher mit ein wenig Bodenarbeit hinbekommen würde.

Schon wieder Bodenarbeit! Die Frau will doch reiten. Aber irgendwie scheint kein Weg daran vorbei zu führen. Seufzend bucht sie eine Bodenarbeitsstunde bei Frau Reitlehrerin.

Ohne Keks kein Hopp

Die Frau will abnehmen und sich mehr bewegen. Ich hingegen habe vor, das bei unserem nächsten gemeinsamen Projekt zu vermeiden. Wir machen nämlich wieder ~~Leckerli essen am Führseil~~ Bodenarbeit, aber dieses Mal mit Frau Reitlehrerin. Ich bin gespannt. Von der Frau weiß ich, dass sie so sinistre und diffuse Ziele verfolgt wie: mindestens Piaffe, wenn nicht gar Levade, Arbeit in den Pilaren, Passage und Schulparade. Frau Reitlehrerin hat sie dann runtergehandelt auf Erhöhung der Motivation, Förderung des Gehorsams und gewichtslose Gymnastizierung. Das hört sich immer noch ambitioniert und anstrengend genug an, aber keine Sorge, ich kenne die Frau ja schon länger.

Der große Tag bricht an und wir marschieren zum Reitplatz. Ich, bekleidet mit Knotenhalfter und Longe, sie mit diversen Zubehörteilen und außer Atem, als hätte sie mich nicht nur eben warm geführt, sondern wäre von blutrünstigen Bestien zwanzig Kilometer durch dichtes Unterholz gejagt worden. Frau Reitlehrerin ist schon da und lächelt fein. Nachdem ich – wie es die Höflichkeit verlangt – ausgiebig begrüßt und getätschelt wurde, fragt Frau Reitlehrerin, weshalb die Frau denn die Longierpeitsche mitgebracht hätte. Das weiß die Frau auch nicht so recht. Und die Bogenpeitsche? Die Frau druckst rum. Sie hätte das schon mal auf einem Foto gesehen. Für die Piaffe wäre die doch sicherlich vonnöten. Ah ja, die Piaffe. Frau Reitlehrerin behält die Nerven und erklärt erst mal ganz nett, dass wir mit den Basics anfangen würden. Dafür würden ein schlichtes Knotenhalfter und eine normale Reitgerte völlig ausreichen. Die Frau guckt skeptisch und meckert leise, aber so, dass nur ich sie hören kann. Von wegen Basics, Piaffe wolle sie. Schließlich hätte sie ja schon lange Pferdeerfahrung, und wie man ein Pferd führt, wüsste sie mittlerweile.

Es geht los. Erste Übung: Die Frau soll mich führen und ich soll motiviert mitmarschieren. Wir machen das wie immer: Die Frau latscht mit hängenden Schultern los, den Blick fest auf den Boden gerichtet. Kurz, bevor ich am Knotenhalfter einen unangenehm starken Zug verspüre, setze ich mich lustlos in Bewegung. Frau Reitlehrerin guckt komisch und lässt uns anhalten. Die

Frau bleibt folgsam stehen, ich als Vierbeiner beschließe, einen längeren Bremsweg als sie zu haben und komme ein Stück vor ihr zum Halten. Sie lobt mich. Na also, klappt doch, denke ich zufrieden.

Frau Reitlehrerin sieht es leider anders. Ich dürfte nämlich die Frau nicht überholen und müsste hinter ihrer Schulter bleiben. Wie lästig. Jetzt soll mich die Frau rückwärts auf „meine Position" dirigieren, ohne sich selbst von der Stelle zu bewegen. Eigentlich hatten wir uns ja intern darauf geeinigt, dass da, wo ich bin, vorne ist.

Die Frau fuchtelt wild mit der Gerte herum und bleibt dabei in dem Knäuel hängen, das sie heimlich aus der einst wohlgeordneten Longe gemacht hat. Ich kenne sie ja und bin deshalb nur mäßig beeindruckt. Frau Reitlehrerin lächelt tapfer und bittet sie, erstmal die Longe zu entknoten und geordnet aufzunehmen. Nein, nicht von der Schlaufe ausgehend, sondern von dem Ende aus, an dem das Pferd hängt. Die Frau hätte es ja vielleicht auch mal mit Pferden zu tun, die nicht ganz so brav wären wie ich. Ich wusste zwar schon immer, dass ich brav bin, aber eine kleine zusätzliche Bestätigung hier und da höre ich ganz gern. Die Frau kämpft mit gefühlten zwanzig Metern Longe und murmelt unverständlich vor sich hin. Mir fallen die Augen zu.

So, kann weitergehen. Es geht immer noch darum, mich zu bewegen, ohne die eigene Position zu verlassen. Jetzt ~~piaffiert~~ trippelt die Frau auf der Stelle, um mich zum Rückwärtsgehen zu animieren. Ich finde das niedlich und könnte ihr stundenlang dabei zusehen.

Frau Reitlehrerin erinnert sie daran, dass sie stehen bleiben sollte und ich mich bewegen. Frau = stehen, Pfridolin = rückwärts. Die Frau behauptet, das wäre ihr von Anfang an klar gewesen und sie hätte sich nicht gerührt. Kein Stück. Frau Reitlehrerin nickt freundlich.

Nächster Versuch: Diesmal nur zwei Schritte auf der Stelle. Fast hätte sie mich auch mit der Gerte getroffen. Ich erwache kurz aus meinem Halbschlaf.

Frau Reitlehrerin möchte mal demonstrieren, wie sie sich das vorstellt. Hui, strahlt die eine Energie aus! Sie muss eigentlich nur etwas denken und ich weiß schon, was sie meint. Jede Bewegung ist koordiniert. Dezent schwingt sie die Longe und ich marschiere folgsam auf meine Position hinter ihrer Schulter. Die Frau ist neidisch.

Als nächstes soll ich im Genick nachgeben. Mit Frau Reitlehrerins Hilfe kriegen wir das hin. So, und jetzt dynamisch im Schritt angehen! Die Frau schlurft los, ich schließe mich irgendwann an. Frau Reitlehrerin erläutert, dass die Frau energisch und aufrecht gehen sollte. Wieder diese lästige aufrechte Haltung! Die Frau strafft die Schultern und bemüht sich, Führungscharisma auszudünsten. Ich bin tatsächlich ein bisschen beeindruckt.

Jetzt wird wieder angehalten. Mir fällt ein, dass ich schon lange kein Leckerli mehr hatte, deshalb bleibe ich hinter ihrer Schulter und gucke erwartungsvoll. Es gibt ein Lob von Frau Reitlehrerin, was ziemlich cool ist, aber halt kein Keks.

Die nächste Übung ist Rückwärtsrichten. Ich stelle mich auf ein längeres Nickerchen ein.

Erwartungsgemäß tanzt die Frau auf der Stelle herum und verbindet damit den irrigen Glauben, ich würde das als Signal zum Rückwärtsgehen auffassen. Frau Reitlehrerin möchte aber, dass sie selbst entschlossen rückwärts geht und mich durch ihre Energie mitbewegt. Und durch zartes Longen- und im Bedarfsfall Gertenwedeln.

Die Frau nickt und fängt wieder an, auf der Stelle herumzulaufen. Glücklicherweise merkt sie das selbst und macht jetzt zögerliche, etwa hamstergroße Rückwärtsschritte. Ich döse sicherheitshalber weiter. Frau Reitlehrerin merkt an, dass sie gern größere Schritte hätte. Und von mir eine Reaktion.

Ok. Die Frau guckt entschlossen und gibt alles. Sie macht große Schritte rückwärts und schwingt bedrohlich Longe und Gerte. Ich gehe rückwärts und habe alles richtig gemacht. Die Frau nicht, die muss nämlich das Gertenwedeln dezenter einsetzen und meine Reaktion besser beobachten. Nach mehrmaligem Üben gelingt es ihr, in großen, gleichmäßigen Schritten rückwärtszugehen und dabei zart und zielgerichtet so auf mich einzuwirken, dass wir uns weder in der Longe verheddern noch Frau Reitlehrerin sich das Lachen verbeißen muss.

Und jetzt ein Keks! Ich finde, den hab ich mir redlich verdient. Hilfesuchend sehe ich Frau Reitlehrerin an. Die ist aber überzeugte Nicht-mit-Futter-Belohnerin und kann das ab. Ich seufze. Meine innere Uhr zeigt längst Feierabend und kurz vor Abendessen an.

Aber nein, Frau Reitlehrerin hat Großes mit uns vor: Jetzt soll das Vorwärts- und Rückwärtsgehen auch auf Entfernung geübt werden, aus der seitlichen Longierposition heraus. Ich marschiere brav nebenher und halte auf Stimmkommando an. Rumstehen – meine Lieb-
lingsübung! Gibt's jetzt ein Lecker...? Nein, immer noch nicht. Schade. Vielleicht kann ich durch geschmeidiges Rückwärtsgehen punkten? Und siehe da – ich werde mit Lob und Möhrenstückchen überschüttet und Frau Reitlehrerin entlässt mich in den Feierabend. Den wohlverdienten Feierabend, sollte ich vielleicht ergänzen. Ich hab ja mal wieder die ganze Arbeit allein gemacht.

Die Frau hat sich nämlich nur ungeschickt angestellt, was sie eigentlich dauernd tut und deshalb gut kann. Das ist also nicht anstrengend für sie. Ich dagegen habe mitgedacht, den Unterricht mitgestaltet und bin deswegen toll. Dafür braucht mein Körper halt auch spezielles Aufbaufutter in Form von Leckerchen und Möhren.

Ohne Keks kein Hopp.

Apropos Unterricht: Frau Reitlehrerin und ich versuchen ja nebenbei auch, der Frau das Reiten beizubringen.

Die Frau, der Schlangenmensch

Die Frau kann sich vielleicht verrenken. Frau Reitlehrerin wundert sich auch immer wieder. Ich muss das kurz erklären: Eigentlich kriegt nur die Frau Unterricht, ich kann das ja schon alles.

Es gibt genau eine Möglichkeit, es richtig zu machen, und ungefähr ~~eine Million~~ viele Möglichkeiten, es nicht hinzukriegen, und die Frau kennt sie ALLE. Ich kann auch schon alle Korrekturen auswendig. Meist fängt es an mit „innerer Schenkel, äußerer Zügel". Danach kommt „langes Bein". Da kann Frau Reitlehrerin aber sagen, was sie will, die Stummelbeine der Frau wachsen einfach nicht mehr. Die bleiben so kurz.

Dann hätte ich noch „nicht ziehen" und „weiche Zügelverbindung. Weich! Noch weicher!!" Spätestens jetzt kriegt die Frau einen komischen Gesichtsausdruck und vergisst zu atmen. Wenn sie wieder Luft kriegt, fängt sie an zu schimpfen, dass sie nur deshalb so unkoordiniert wäre, weil sie sich beim Ausmisten so angestrengt hätte und ich ein solches Ferkel wäre. Frau Reitlehrerin geht nicht darauf ein.

Inzwischen sind die Absätze wieder hochgewandert. Jetzt kommt „Absatz tief". Ok. Absätze sind tief, dafür ist sie jetzt in der Hüfte eingeknickt und hat zusätzlich die Schultern verdreht. Wir sind übrigens immer noch im Schritt.

Also: Pause und einmal den Körper durchsortieren. Ich schlafe währenddessen. Ach so, es geht weiter. Nee, doch nicht. Frau Reitlehrerin demonstriert, wie sich die Anlehnung anfühlen soll. Zügelgewicht, mehr nicht. Ich traue mich nicht, weiterzuschlafen, weil Frau Reitlehrerin direkt neben mir steht.

Achtung, jetzt geht's wirklich weiter. Wir kommen zu Rechts- und Linksstellung. Meine Augenlider werden schwerer und schwerer. Und die Hinterbeine erst! Frau Reitlehrerin hat es leider gemerkt (die Frau nicht). Frau Reitlehrerin weist die Frau darauf hin, dass sie mehr Körperspannung braucht. Finde ich auch. Sie fühlt sich an wie ein nasser Mehlsack. Jetzt wird es etwas besser. Ach nee, sie hat nur wieder vergessen zu atmen.

Oh. Die nächste Korrektur: „Leicht die flache Wade ans Pferd legen!" Weil die Frau sich heimlich schon wieder verdreht hat, wird wieder angehalten und der Körper durchsortiert. Ich döse kurz weg. Frau Reitlehrerin zeigt der Frau, wie das Bein liegen und wieviel Druck ausgeübt werden soll. Ok, Anreiten. Jetzt ist sie nicht mehr locker, Frau Reitlehrerin und ich beschließen aber, das zu ignorieren. Wenn ich nämlich tagsüber so viel rumstehe und schlafe, krieg ich nachts kein Auge zu.

Und so geht's weiter. Wir kommen auch in jeder Stunde zu Trab und Galopp, aber verbunden mit soviel Erklär- und Sortierpausen, dass ich nicht ernstlich ins Schwitzen komme. Dressurunterricht bei Frau Reitlehrerin ist toll.

Jetzt überlege ich, ob man die besonderen Talente der Frau nicht noch anders nutzen könnte. Vielleicht kann ich sie an eine Pferdeshow verkaufen? Als Clown?

Aber es gibt ja nicht nur Sitzprobleme, sondern auch die sagenumwobene Anlehnung, von der man immer soviel hört, und die generelle Vorstellung vom Dressurreiten. So ungern die Frau das hört, aber Reiten ist nun mal kein Kraftsport.

Angst vor der Anlehnung

Es gibt ja wirklich tolle Wörter – Möhre zum Beispiel, oder Feierabend. Auch Leckerchen oder Braaav hört sich (in meinen Ohren zumindest) sehr gut an.

Anlehnung klingt erstmal auch ganz schön – nach Kuscheln und Vertrauen und so. Tatsächlich ist es ja auch so, dass man sich irgendwo anlehnt und darauf vertraut, dass die Wand nicht umfällt. Oder das andere Pferd, mit dem man gerade Fellpflege betreibt. Zum Beispiel.

Beim Reiten hat das Wort Anlehnung aber eine zusätzliche Bedeutung – es bezeichnet die Verbindung zwischen meinem Maul und der kleinen krampfigen Hand der Frau. Ich finde das total unlogisch. Tatsächlich lehnt sich ja keiner von uns beiden irgendwo an, sondern die Frau hält sich schlicht und ergreifend an den Zügeln fest. So. Das musste jetzt mal gesagt werden.

Was die Frau kann, kann ich aber auch. Ich stütze einfach meinen Kopf und Hals auf dem Gebiss ab. Solange sie ungefähr hundert Kilo in der Hand hat, kommt sie wenigstens nicht auf irgendwelche dummen Ideen in Richtung zierliche Dressurlektionen. Außerdem bekommt sie so einen strammen Bizeps und kann sich auf dem Bau was dazuverdienen.

Frau Reitlehrerin kriegt dann immer die Krise. Nein, die Frau darf sich nicht an den Zügeln festhalten. Kein Stück. Gar nie nicht. Auch kein Itzi-Bitzi-Bisschen. Das macht die Frau ganz traurig, weil sie anscheinend weder Bauch- noch Rückenmuskeln, geschweige denn Körperspannung, hat und ohne Haltegriff oder Lehne nicht aufrecht sitzen kann. Zumindest nicht, wenn ich mich bewege. Ich selbst darf mich im Übrigen nicht auf dem Zügel abstützen, sondern muss in anmutiger Selbsthaltung daherschweben. Ich bin dann auch immer traurig, weil diese Art der Fortbewegung natürlich anstrengender ist als wenn die Frau meinen Kopf für mich trägt.

Die Frau bereut es in solchen Momenten sehr, dass sie überhaupt mit dem Reiten angefangen und dann auch noch den Ehrgeiz entwickelt hat, es richtig zu machen, so in biomechanischer Hinsicht und überhaupt. Minigolf wäre doch auch ein schöner Sport, findet sie. Frau Reitlehrerin erwidert, beim Minigolf gäbe es so gut wie keine Pferde und praktisch keine rosa Satteldecken. Die Frau macht ein langes Gesicht und will doch mit dem Reiten weitermachen.

In der nächsten Reitstunde verfällt sie dann ins andere Extrem. Ich bekomme eine Westerntrense an und sie reitet mit komplett durchhängenden Zügeln, damit sie mich nicht im Maul stört. Das ist erstmal sehr pferdefreundlich gedacht, aber leider nicht hilfreich. Ich laufe nämlich wie ein rückenkranker Hirsch daher, da kann auch die dezent braune Schabracke nix mehr retten. Die Frau will im Übrigen jetzt nur noch Schritt gehen und galoppieren, weil mein Trab sagenhaft unbequem ist, wenn ich den Rücken so wegdrücke.

Frau Reitlehrerin meckert sehr (auf konstruktive Art natürlich) und spricht davon, dem Pferd – also mir – mit dieser sagenumwobenen Anlehnung, unter der sich die Frau beim besten Willen nix vorstellen kann, einen Rahmen zu geben, damit ich den Rücken aufwölben kann. Was total gut für mich wäre und auch bequemer für die Frau. Die Frau merkt auf. Bequem ist gut. Gesund erst recht.

Frau Reitlehrerin erklärt weiter, das Ganze hätte mit Balance zu tun und Körperspannung. Schon wieder Körperspannung! Die Frau fühlt sich verfolgt. Es wäre auch wichtig, dass die Frau und ich beide im Becken abkippen, damit die Hinterbeine sich dorthin begeben, wo sie hinmüssen, nämlich in Richtung unseres gemeinsamen Schwerpunkts. Guck an, da hat die Frau aber gestaunt, was sie alles mit ihrem Körper tun muss! Und tatsächlich sollte sie bei diesem Unterfangen nicht mehr als das Gewicht der Zügel in der Hand halten. An dieser Stelle hätte sie beinahe wieder gemeutert und wäre um ein Haar doch noch zum Minigolf gefahren.

Frau Reitlehrerin hat sie beruhigt und dann mal kurz demonstriert, wie sich das mit der Anlehnung anfühlen soll. Nämlich wie ein Vertrauen einflößender Händedruck, und – ganz wichtig – die Anlehnung darf nie erzwungen werden. Die Hand ist einfach da und hält freundlichen, gleichmäßigen Kontakt. Wenn man sich die Hand gibt, gäbe es Menschen, die dem anderen die Hand zusammenquetschen. So nicht. Und dann gäbe es die, bei denen sich die Hand wie ein glibberiger toter Fisch anfühlt und wo es ganz eklig ist. So auch nicht. Das Mittelding, das sich gut anfühlt, das wäre es. Aha, staunte die Frau. Ich glaube, sie kennt nicht viele Menschen, die ihr die Hand geben wollen. Ist ja auch schwierig mit zwei linken Händen.

Frau Reitlehrerin hatte dann die sehr kluge Idee, dass die Frau das erstmal auf Rosa, der Haflingerstute, üben soll. Rosa ist gut ausgebildet und sitzbequem und wird ihr schon erklären, wie das funktioniert. Ich hab währenddessen Wellness und kann mich ungestört um Stuti kümmern .

Mein Liebesleben hat sich nämlich dramatisch entwickelt. Hatte sich meine neue Boxennachbarin Else, Dolores' Nachmieterin, zunächst noch stolz und unnahbar gezeigt, war sie nach einer kurzen Demonstration meiner Fast-Hengsthaftigkeit quasi handzahm wie ein verschmustes Katzenbaby. Leider währte die traute Zweisamkeit nicht lange, weil sie durch Zufall herausbekommen hatte, dass ich gleichzeitig einen heißen Flirt mit Stuti, einer zuckersüßen Stute mit einem komplizierten Namen, hatte. Else hat sich daraufhin mit Konrad, einem muskelbepackten Sportpferd aus unserer Herde, eingelassen. Bis zum heutigen Tag werfe ich ihr vor, dass sie an heftiger Geschmacksverirrung leide. Leider lässt sie das völlig kalt. Mit Geschmacksverirrung kennt sich übrigens noch jemand aus: die Frau. Leider.

Geschmack ist Glückssache

Stuti hat jetzt ein rosa Halfter. Passt prima zu meinem hellblauen. Wir sehen aus wie zwei grenzdebile Vollpfosten, die man noch dazu zu heiß gewaschen hat. Oder wie misshandelte Plüschtiere vom Flohmarkt. So kann man sich doch nicht leidenschaftlich küssen, Herrgott nochmal!

Schönheit und Geschmack sind ja oft Glückssache, und ich habe in der Hinsicht leider mehrfach Pech gehabt. Nicht, was mein unfassbar gutes und männliches Aussehen betrifft, aber wenn es um Frisuren und den Kauf von überflüssigem Zubehör geht, schon.

Ich erinnere mich mit Schrecken an die dottergelbe Abschwitzdecke, die mir die Frau zu Weihnachten geschenkt hat. Verbunden mit der Behauptung, es wäre ein edles vanillegelb, das meinen Typ betonen würde. Aha. Ich fand eher, dass sie aussah wie ein Biene-Maja-Kostüm ohne Streifen, weshalb die Decke auf mysteriöse Art und Weise kaputt ging (hehe), so dass die Überreste entsorgt werden mussten. Verbunden mit diversen unsachlichen Kommentaren, die sich auf meine Person bezogen. Die Frau ist eine schlechte Verliererin.

Oder die lila Schabracke, die ich danach erdulden musste. Gottseidank hat die Frau sie zu heiß gewaschen. Erwähnte ich bereits, dass sie ein wenig ungeschickt ist?

Leider sieht sie selbst das anders. Oder wie sind ihre wiederholten Versuche, mir die Mähne zu verschandeln, sonst zu erklären? Mein Kumpel Faxe, der seit neuestem seine Fußpuschel adrett gestutzt bekommt, damit Frau Schmied seine Hufe sehen kann, ist da noch vergleichsweise gut davongekommen. Man sieht es erst auf den zweiten Blick und die Mädels haben Mitleid mit ihm. Dagegen sieht mein unfassbar krumm und schief geschnittener Stufenschnitt (früher war es einfach nur eine Mähne) so daneben aus, dass alle erst mal lachen müssen.

Alle außer Stuti. Sie hat ein Herz aus Gold. Leider auch für ihren aufdringlichen kleinen Boxennachbarn. Der zugegebenermaßen gut aussieht, ja. Und eine prächtige lange Mähne hat. Aber er hat doch schon eine Freundin. Da kann er mir doch DIE eine nette kurzsichtige Stute auf der Welt lassen, oder?

Bestimmt flüstert er ihr nachts Dinge ins Ohr, über die ich hier nicht schreiben kann, weil ich dann rot werde. Außerdem hat's die Frau verboten. Die Frau hat auch verboten, dass ich meine Boxentür aufmache und zu Stuti gehe. Sie hat extra noch einen Strick um den Riegel gebunden. Dabei wollte ich ihr nur sparen helfen.

Wenn Stuti und ich ein Doppelzimmer hätten, müsste sie keine Boxenmiete mehr für mich zahlen. Das ist doch gut, oder?

Leider werden meine Versuche, die Welt zu retten und sparen zu helfen, vollkommen ignoriert oder sogar bewusst missverstanden. Sparen ist nämlich auch so ein Thema, bei dem die Interessen auseinandergehen. Was die Frau nämlich richtig gut kann, ist Geld ausgeben, und zwar für Pferdezubehör. Ich glaube, der Mann darf gar nicht wissen, wieviel Pferdezeugs sie tatsächlich hat, sonst dürfte sie nie wieder alleine ins Reitsportgeschäft.

Ordnung muss sein oder: Wenn ich es aufräume, finde ich es ja nie wieder!

Die Frau hat ein Problem. Eigentlich ja nicht nur eins, aber jetzt hat sie ein neues. Und zwar ist unsere Sattelkammer so körmelig, dass der Stallbesitzer Auf- und Ausräumen angeordnet hat. Selbst der Mann meint, dass die Frau es ein bisschen mit dem Kauf von Pferdezubehör übertreibt und stattdessen das Geld in Möhren für mich investieren sollte. Und das finde ich sehr mutig von ihm, denn er muss mehr Zeit mit der Frau verbringen als ich.

Ich persönlich finde es praktisch, wenn ich im Winter oder bei fiesem Wetter eine Decke habe. Ich krieg ja so schnell Rücken. Auch die Fliegendecke, die mich so cool rittermäßig aussehen lässt, hat ihre

Vorteile. Und eine Abschwitzdecke brauchen wir auch, weil die Frau sich im Unterricht immer so doll anstrengt und schwitzt.

Aber neun Winterdecken in diversen Farbschattierungen mit unterschiedlichen Füllungen plus die dreizehn aus den Vorjahren, die zum Wegwerfen zu schade sind, weil sie ja eigentlich noch gut sind (aber halt die falsche Farbe haben), brauche ich vielleicht doch nicht. Auf jeden Fall nicht das ganze Jahr über griffbereit in einer kleinen Sattelkammer, deren Tür glücklicherweise nach innen aufgeht. Ansonsten würde die Frau ja erschlagen, wenn die Deckenstapel beim Türöffnen über ihr zusammenbreche. Die Frau sagt, der Keller zuhause wäre voll mit Pferdesachen, da würden die nicht mehr reinpassen. Der Mann hat mal ganz vorsichtig vorgeschlagen, doch einfach in eine Lagerhalle umzuziehen. Da war was los!

Die Frau kann jetzt nicht mehr schlafen. Sie rechnet anscheinend stündlich mit einem Wintereinbruch und macht sich Sorgen, dass sie dann nicht schnell genug an Winterdecken für mich kommt. Außerdem hat sie Angst vor den ganzen Sachen, die sie beim Aufräumen findet und davor, dass der Mann merkt, dass sie einfach immer was Neues kauft, ~~wenn sie irgendwas verschlampt hat~~ wenn irgendwas verschwunden ist. So ganz unter uns: Sie ist schon ziemlich schusselig. Da hätt ich an ihrer Stelle auch Angst, dass ich irgendwann nicht mehr nach Hause finde. So wie bei unseren planlosen Spaziergängen.

Und dann ist da noch das Problem mit den bunten Schabracken. Ich finde, wir brauchen die nicht. Auch den Sattel nicht. Reiten wird ja generell überbewertet. Doch, sagt die Frau. Reiten wäre toll und Schabracken müssten sein. Und dunkelbraun wäre eine tolle Fellfarbe, damit könnte man alles tragen. Das stimmt aber gar nicht. Ich bin ein Fast-Hengst und habe eine Rosa- und Pink-Allergie. Ich krieg nämlich von so Farben immer Depressionen.

Ein weiterer Beweis dafür, wie ich immer missverstanden und unterdrückt werde, ist das Ausmisten.

Und das Abäppeln.

Und eigentlich alles, wozu man eine Schubkarre braucht.

Schubskarre

Die Frau hat gesagt, sie käme eigentlich nur wegen der Schubkarren in den Stall. Sie würde sich schon den ganzen Tag darauf freuen, endlich ausmisten zu dürfen und große Mengen Pferdeäppel auf Wiese und Paddock aufzusammeln. Und aufs Schubkarrefahren. Das wäre überhaupt das Beste. Dabei hat sie mich ganz komisch angeguckt.

Schade. Und ich hab gedacht, sie kommt wegen mir hierhin. Wie man sich so täuschen kann. Ihr kennt das: Man steht so rum und knabbert Gras und plötzlich fährt IHR Auto auf den Hof. Nun ist es ja nicht so, dass ich der allermotivierteste Arbeiter oder gar Sportler wäre, aber ich hab sie schon ganz gern und begrüße sie immer freudig.

Sogar dann, wenn sie nur eine ganz, ganz klitzekleine Möhre für mich mitgebracht hat und keinen ganzen Eimer voll.

Und was passiert? Sie steigt aus und fängt an, meine Box auszumisten. Kein freundliches „Hallo, mein wunderbares Lieblingsross, du hast mir so gefehlt" oder „Wie geht's?" oder „Darf ich dir diese köstlichen Möhren aufdrängen?" Oder auch „Darf ich dich mit meinen jetzt noch sauberen Fingernägeln am Hals kratzen?" Ganz zu schweigen von „Darf ich mit den Zähnen stundenlang deinen Widerrist beknabbern?"

Ich fühle mich vernachlässigt. Sie kann doch nicht einfach so Schubkarre fahren, ohne mich zu beachten. Und dann braucht sie immer so lang! Das ist total egoistisch. Immer denkt sie nur an ihr Vergnügen.

Bestimmt quatscht sie. Ich kenn sie doch. Mit anderen Menschen oder Pferden. Statt sich um MICH zu kümmern. Ich warte übrigens immer noch auf sie.

Gerade fällt mir auf, dass Warten langweilig ist. In der Box gibt's auch immer so leckeres Futter. Das hätt' ich jetzt gern.

Wo ich hier so rumstehe und immer noch warte, sehe ich, dass die anderen Menschen auch Schubkarre fahren. Das scheint irgendwie ansteckend zu sein. Hoffentlich bin ich dagegen geimpft. Obwohl – gegen Rosa-Allergie wurde ich auch nicht geimpft. Vielleicht konnte der Mann sich durchsetzen und sie muss jetzt sparen. Aber doch nicht am falschen Ende! Rosa-Allergie ist kein Zuckerschlecken. Ich mach das doch nicht zum Spaß!

Ich warte jetzt direkt am Tor. Boah langweilig.

Wenn man soviel Zeit zum Nachdenken hat wie ich, weil sich nämlich keiner um einen kümmert, dann kommen einem ziemlich viele gute Ideen. Ich habe mir zum Beispiel gerade überlegt, dass ich ihr die Schubkarre umwerfe, wenn sie zum Abäppeln auf die Wiese kommt. Dann kann sie sich noch mehr mit der Schubkarre beschäftigen. Bestimmt gefällt ihr das. Und heute Nacht werde ich in der Box ALLES geben. Ich meine, ich steh' hier eh nur rum und warte, da kann ich ihr auch noch eine zusätzliche Freude machen.

Bestimmt wird es gleich dunkel. Ich war noch nie im Dunkeln draußen. Gibt es hier eigentlich Wölfe?

Oh, ich glaube, da kommt sie. Das wurde ja auch Zeit... Heißt es eigentlich Schubkarre oder Schubskarre? Bin mir da gar nicht so sicher, aber ich erweitere meinen Wortschatz ja täglich. Ich bin schon gespannt auf ihre Freudenschreie.

Ist es da ein Wunder, dass ich mich bisweilen verkannt fühle? Manchmal tut die Frau aber auch was für mich. Zum Beispiel aufpassen, dass uns Spaziergänger nicht heimlich totfüttern. Das würden die tatsächlich tun, weil sie uns Pferden die absonderlichsten Sachen mitbringen und heimlich auf die Weide werfen. Vielleicht meinen sie es ja gut, aber trotzdem – man füttert keine fremden Pferde, Herrgott noch mal! Und man macht auch andere Dinge nicht.

Mach dat Hü mal Ei

Ich bin ja gern berühmt, so ist das nicht. Aber wenn Spaziergänger an unserer Koppel verbeikommen und die Mutter zu ihren Kindern sagt: „Mach dat Hü mal ei", dann ist irgendwo eine Grenze überschritten. Zunächst mal grammatikalisch und dann überhaupt.

Zuallererst bin ich kein Hü, sondern fast ein Hengst, und zweitens lass ich mich nicht von wildfremden Menschen anfassen. Ich möchte vorher um Erlaubnis gefragt werden, und da bin ich sehr wählerisch. Der Tierarzt zum Beispiel darf noch so sehr betteln, den lass' ich nicht. Und wenn, dann schon gar nicht im Gesicht. Ich glaube, Mutti würde auch nicht wollen, dass ihr wildfremde Leute im Gesicht rumstreicheln, warum sollte das dann für meinereinen das Höchste der Gefühle sein?

Die Mutter hat es aber nicht verstanden oder es ist ihr egal. Sie nötigt das Kind, unter dem Zaun durchzukrabbeln, um näher an die Pferdchen zu kommen. Das macht es sehr geschickt, das muss ihm der Neid lassen. Es ist fast so gelenkig wie Faxe, wenn er unter dem Zaun durchfressen will.

Und jetzt? Och nö. Es will uns immer noch anfassen. Von vorn, von hinten, von überall. Ich will aber immer noch nicht.

Lebensmüde ist es auch: Faxe hat ganz verträumt nach einer Fliege getreten und es nur knapp verfehlt. Das hat es aber gar nicht gemerkt.

Jetzt hat es eine tolle Idee. Es rupft vom Rand Grünzeug ab – sieht ein bisschen wie giftiges Jakobskreuzkraut aus – und will Else damit füttern. In ihrer Gier beißt sie ihm fast die Finger ab, worauf das Kind erschrocken alles fallen lässt und zur Mutter zurückläuft. Da hat Else aber nochmal Glück gehabt.

Das Kind aber auch. Ich will nicht wissen, was Elses Besitzerin mit ihm gemacht hätte. Und die Frau erst. Die ist extrem allergisch gegen Spaziergänger, die fremde Pferde füttern, weil die Pferde davon krank werden und sterben können. Sie sagt, es gäbe sogar Leute, die Pferde mit Grünschnitt von Zuhause füttern und sich dann wundern, wenn die das nicht überleben. Und schließlich würde es sich nicht gehören. Sie würde ja auch keine fremden Kinder füttern. Und auf unserer Weide hätte keiner was verloren außer uns, jawohl. Und was an Eimachen erforderlich wäre, würde sie schon selber hinkriegen.

Da muss ich ihr allerdings Recht geben. Seit sie dieses Buch über Pferdemassage gelesen hat, übt sie tüchtig, ich glaube, am Mann. Der hat in der ersten Zeit immer so verzerrt gelächelt, hat aber anscheinend seit einiger Zeit keine Rückenschmerzen mehr.

Ich finde, sie macht das mittlerweile ganz ordentlich. Jetzt muss sie nur noch lernen, mir mit den Zähnen den Widerrist zu beknabbern. Ach ja, und dieses Reiten auch. Wäre doch praktisch, wenn sie das könnte. Oder zumindest richtig sitzen.

Die Sache mit dem Sitz

Wie gern würde die Frau elegant und geschmeidig in graziösen Traversalen durchs Dressurviereck schweben. Oder überhaupt mal elegant und geschmeidig auf dem Pferd sitzen, ganz zu schweigen von irgendwelchen Lektionen (oder gar Schweben).

Aber irgendwie hat sich alles gegen sie verschworen. Kaum erinnert sie sich daran, dass der Stuhlsitz, in dem sie sich so wohlfühlt, nicht das Nonplusultra der klassischen Reitkunst ist (um es mal vornehm auszudrücken, hehe), kippt sie vornüber in einen nicht minder hässlichen Spaltsitz. Das hat zweierlei zur Folge: Zum einen hängt jetzt erheblich mehr Gewicht auf meinen zarten Schultern, so dass ich einen weiteren Grund habe, mich nicht vorschriftsmäßig mit Bergauf-Tendenz fortzubewegen, zum anderen bestraft sie sich selbst. Sie hat sich nämlich auf der Stallgasse darüber beklagt, dass der Spaltsitz an bestimmten Teilen der weiblichen Anatomie ein Unwohlsein hervorruft. Macht aber nix, denn sie lernt ja nicht daraus. Dann kann es nicht so schlimm sein.

Wir begeben uns also auf die Suche nach der korrekten Position der Sitzbeinhöcker. Mein bester Freund Faxe, der Tinker mit der philosophischen Ader, meint, die Dinger heißen so. Faxe kennt viele komische Ausdrücke. Manchmal glaube ich, er denkt sich die aus. Anscheinend sind diese Sitzbeinhöcker die Knochen, die mir die Frau ins Kreuz drückt. Angeleitet von Frau Reitlehrerin versucht die Frau, diese komischen Knochen zu lokalisieren, wobei sie wie ein angeschickerter Mehlsack vor und zurückschwankt. Dabei gehen natürlich auch die Beine auf Wanderschaft – ihre, nicht meine. Ich schlafe bei sowas grundsätzlich ein.

Die Frau streckt nämlich ihre kurzen Beinchen entweder zu weit nach vorn oder zu weit nach hinten. Entspanntes Hängenlassen, wie von Frau Reitlehrerin gefordert, geht irgendwie nicht. Gottseidank reagiere ich auf so ungeschicktes Beinwackeln nicht mit Fluchttendenzen, sonst käme ich aus dem Rennen ja gar nicht mehr raus. Ich döse also weiter und warte ~~auf die nächste Tiefschlafphase~~ darauf, dass oben endlich mal Ruhe einkehrt. Es gibt ja noch andere spannende Dinge, die sie hinkriegen muss: Ihren Oberkörper aufrichten, ohne sich zu verspannen, zum Beispiel. Wir können da schon zweierlei: Totales Sich-hängen-lassen, passend zu meiner Motivation, und dynamisch-krampfiges Sich-fest-machen. Ich glaube aber, dass das Frau Reitlehrerin noch nicht genügt. Sie will lieber ~~die Quadratur des Kreises~~ irgendwas dazwischen. Na ja, gut für mich. Kann ich weiterschlafen, bis Frau Reitlehrerin der Frau solche ungewohnten Aggregatzustände entlockt hat.

Die Frau versucht zeitgleich, ihre Oberschenkel einzudrehen, so dass sie nicht mehr wie eins der kurzbeinigen Kinder auf diesen lustigen Thelwell-Zeichnungen aussieht. Ihr wisst schon: Die Zehen so nach außen weggestreckt. Faxe und ich finden das schade, denn es sieht im Reithallenspiegel immer sehr lustig aus. Aber sie kriegt es nur für Sekundenbruchteile hin, so dass wir noch länger was zu lachen haben werden. Und schließlich werden ihre Beine immer so kurz bleiben.

Das alles ist so aufregend, dass sie komplett zu atmen vergisst. Ohne Frau Reitlehrerin wäre sie bestimmt schon erstickt. Ich fände das doof, denn ohne sie wäre es hier nur halb so lustig. Außerdem tröstet sie mich ~~immer~~ oft, wenn meine Boxennachbarin garstig zu mir war. Meine wunderbare Dolores, die immer ihre Heulage mit mir geteilt hat und mit der ich sonst auch so manchen romantischen Moment erlebt habe, ist nämlich weggezogen. Danach wohnte kurzfristig ein spanischer Schimmel neben mir und nun ist es eine korpulente Dame mit wenig Sinn für Humor, die meine geistreichen Anspielungen oft nicht versteht. Sie hat viele Zähne und ein schnelles Hinterbein und hört auf den Namen Else.

Aber zurück zur Frau. Die kriegt jetzt nämlich wieder Luft, hurra. Sie versucht es ganz doll weiter, und wenn sie es dann endlich so halbwegs hinkriegt und zusätzlich noch ein winziges bisschen Körperspannung aufgebaut hat, bewege ich mich und der ganze schöne Sitz ist wieder kaputt. Frau Reitlehrerin spricht in solchen Momenten gern vom harmonischen Mitgehen mit der Bewegung des Pferdekörpers und davon, dass der Sitz nicht statisch wäre, sondern dynamisch und funktional sein sollte. Nicht schablonenhaft und starr. Dann tut mir die arme, ungeschickte Frau sogar ein bisschen leid. Aber nur ein bisschen, weil ich sie ja schließlich dabei rumschleppen muss! Sie hat bestimmt wieder doppelt Heu gegessen, das kleine Moppelchen.

Auf der anderen Seite muss man das auch positiv sehen: Während sie sitzen übt, stehe ich die meiste Zeit rum (rumstehen kann ich nämlich super) und hole meinen versäumten Nachtschlaf nach. Seit meine Boxennachbarin Else auf Diät ist, krieg ich nachts kein Auge mehr zu, weil sie jetzt immer schlechte Laune hat und permanent rumstänkert. Gut, dass es Reitunterricht gibt!

Weil das mit dem Reiten aus dem Sitz heraus anscheinend sehr schwierig ist und die Frau im Zweifel am Zügel zieht, wenn einer da ist, hat Frau Reitlehrerin der Frau und mir das Halsringreiten verordnet.

Lächeln und so tun, als wäre es Absicht gewesen

Wir haben ein neues Hobby. Ich sage wir, denn ausnahmsweise macht es mir auch Spaß. Und zwar das Halsringreiten. Das betreibt die Frau neuerdings mit großer Begeisterung.

Man muss sich das ungefähr so vorstellen: Ein wunderschönes Pferd (ich) läuft gesattelt mit einer quietschenden Reiterin umher. Um den Hals liegt ein Seil mit einem Drahtkern, aus dem ein großes Oval geformt wurde. Ansonsten trägt das athletische Ross ein breites Grinsen und einen Hauch von Nichts.

Halsringreiten kommt anscheinend aus dem Westernreiten und ist irgendwie nützlich, wenn man ohne Kopfstück reiten will. Gelenkt wird mit dem Sitz und dem impulsartigen Anlegen des Halsrings an den Pferdehals. So kann man prima vorwärts, rückwärts und sogar seitwärts reiten. Wenn man's denn kann.

Frau Reitlehrerin sagt, man könnte sogar ohne Zügel und nur über das Bein Stellung und Biegung abfragen. Das glaubt die Frau natürlich nicht und ist erstmal vollkommen damit ausgelastet, auf mir rumzusitzen und Beifahrer zu sein. An den Zügeln festhalten geht ja nicht, weil keine mehr da sind.

OK, Frau Reitlehrerin hat ihr zwar erlaubt, mir für den Anfang eine Trense anzuziehen, die Zügel wurden aber verknotet und sie darf sie nicht anfassen. Außer natürlich, wenn ich ganz, ganz wild werde, was aber sehr unwahrscheinlich ist. Ich bin ja nicht nur schön und klug, sondern auch sehr nett. Und davon abgesehen ein bescheidenes kleines Kerlchen.

Weil ich so nett bin, laufe ich wie ein Kirmespony auf dem Hufschlag außenrum. So muss die Frau nicht lenken und kann sich heimlich am Sattel festhalten. Außer Frau Reitlehrerin ist kein anderer auf dem Platz, was die Frau sehr zu beruhigen scheint. Als sie zu Anfang festgestellt hat, dass ich wirklich brav auf das vereinbarte Signal durchpariere und sogar rückwärts gehe, wenn sie es möchte, hat sie beschlossen, dass Halsringreiten genial ist. Sie kommt sich dann so cool westernmäßig vor und ist total stolz auf uns. Und wenn eine Parade gut klappt, glaubt sie sogar, sie könnte reiten.

Gemeinerweise hat Frau Reitlehrerin jetzt damit angefangen, uns irgendwelche Hütchen hinzustellen, damit sie sehen kann, wie (und ob) die Frau mich lenkt. Manchmal muss ich durch ein ganz breites Hütchentor durch, das kriegen wir meistens gut hin. Spannender wird es, wenn einzelne Hütchen aufgestellt werden und die Frau nach Ansage rechts oder links daran vorbei reiten muss. Da muss ich oft raten.

Die Frau hat beschlossen, dass das alles sehr schwierig ist, sie aber keine Möglichkeit hat, mir die Schuld für misslungene Lenkmanöver in die Schuhe beziehungsweise Hufe zu schieben. Von daher übt sie nicht nur lenken, sondern auch souverän lächeln und vor allem so zu tun, als wäre der körmelige Zick-Zack-Kurs gewollt gewesen. Sie lächelt neuerdings sehr viel. Notgedrungen. So kenne ich sie gar nicht .

Es kommt ja nicht oft vor, dass die Frau und ich etwas zusammen tun, das uns beiden so richtig, richtig viel Spaß macht. Außer Essen, Massieren (beziehungsweise Massiert werden) und Reitunterricht fällt mir da auf die Schnelle nix ein. Reitunterricht auch nur deshalb, weil Frau Reitlehrerin total nett ist (sogar zu der Frau!) und noch dazu auf meiner Seite – ihr kennt sie ja. Natürlich war das mit dem Halsring ihre Idee. Frau Reitlehrerin ist toll, oder?

Zudem ist mein neues Lieblingszubehör in dezenten Brauntönen gehalten, was wohltuend fürs Auge ist. Böse Menschen haben der Frau zwar erzählt, dass es Halsringe in allen Farben gibt – sogar in Pink – , aber sie hat soviel Spaß mit dem vorhandenen Exemplar, dass mir das ~~hoffentlich~~ bestimmt erspart bleibt.

Nun ist die Frau ja reiterlich keine Granate und fürchtet sich vor fast allem, am meisten aber vor dem Ausreiten - was sie natürlich nie zugeben würde. Umso verwunderlicher also, dass sie im Urlaub etwas tut, das sich Wanderreiten nennt. Das ist sowas wie ein Ausritt, der mehrere Tage dauert. Abenteuerlich! Und also gänzlich untypisch für die Frau. Aber eben auch woanders. Das hat den Vorteil, dass es außer dem Mann keine Zeugen gibt, und der ist anscheinend von ihr zur Verschwiegenheit vergattert worden. Man kann also ungestraft im Stall große Reden schwingen und sich die tollsten Heldentaten ausdenken. Der Nachteil an der Sache ist der damit einhergehende Muskelkater. Gottseidank weiß Frau Reitlehrerin auch hier eine Lösung.

Alles Kopfsache oder: Mentale Hüft-schwünge

Als die Frau letztens so dollen Muskelkater vom Wanderreiten (und ihrer chronischen Selbst-überschätzung) hatte, dass sie sogar die wöchentliche Reitstunde verweigerte, hat sie von Frau Reitlehrerin eine Hausaufgabe bekommen. Visualisieren nämlich. Aha, staunte die Frau. Was genau sie sich denn darunter vorstellen solle.

Vorstellen wäre genau das richtige Wort, sagte Frau Reitlehrerin. Dass man sich vorstellen würde, wie man bestimmte Dinge tut, damit man ein inneres Bild davon parat hätte. Das wäre total super und würde einem helfen, seine Ziele zu erreichen. Die Frau sagt nochmal Aha, und für einen kurzen Moment leuchtet das Wort „Piaffe" in ihren hoffnungsvollen Augen auf. Direkt danach kamen „Einerwechsel" und „Passage". Ja, da guckt ihr, was? Genauso hab ich nämlich auch geguckt.

Frau Reitlehrerin ist glücklicherweise wesentlich diplomatischer. Sie schlug nämlich vor, dass die Frau sich erstmal mit ganz normalen Sachen beschäftigen sollte– einem richtig runden Zirkel, beispielsweise. Oder pillegerade die Mittellinie runterreiten – in allen drei Grundgangarten. Das soll sie sich ganz detailliert vorstellen. Wie sie auf dem Pferd (also mir) sitzt und jeden einzelnen Schritt, Trabtritt oder Galoppsprung bewusst reitet.

Ich würde sagen: Eine interessante Herausforderung. Zum Beispiel Zirkel: Unsere Zirkel sind in der Regel monströse Ostereier mit mindestens zwei Ecken. Im Gegensatz zu dem perfekten Kreis, den man gemeinhin damit verbindet. Wo man den Hufschlag für eine Pferdelänge betritt und sofort wieder verlässt, weil es ja um eine kontinuierliche Biegung geht. Und zum Thema „geradeaus" möchte ich anmerken, dass allen, die meine krumm und schief geschnittene Mähne kennen, natürlich völlig klar ist, dass wir die Erfinder der Hufschlagfigur „an der nächsten langen Seite jeweils einen Meter nach rechts und links schwanken" sind.

Aber ich schweife ab. Die Frau soll sich also vorstellen, dass sie sowas richtig reitet. Frau Reitlehrerin erklärt ihr auch, dass das durchaus anspruchsvolle Übungen sind. Das Allerschwierigste von allem wäre, gut Schritt zu reiten – nämlich zum Beispiel in einer leichten Anlehnung (!) taktrein (!) schön geradeaus (!) zu reiten. Das hätte die Frau nicht gedacht. Sie findet nämlich, dass eine Piaffe viel mehr hermacht als Schritt. Schritt = voll langweilig, Piaffe = toll.

Sie argumentiert, Schritt reiten wäre doch echt nix Besonderes, das würde sie ja jeden Tag machen. Frau Reitlehrerin lobt sie dafür. Wie jetzt – Lob?, denkt die Frau. Ja, sagt Frau Reitlehrerin, Lob! Schrittreiten würde so oft unterschätzt, und es wäre super, dass die Frau jeden Tag ganz bewusst Schritt reitet. Sie fragt die Frau, wieviele meiner Beine sie denn beim Schrittreiten spüren würde. Zwei, drei oder alle vier?

Die Frau kann das so spontan nicht beantworten. Ich bin nicht überrascht. Ich fand es nämlich ehrlich gesagt eine lustige Idee von Frau Reitlehrerin, die Worte „Frau" und „bewusst reiten" miteinander zu kombinieren. Beim Schritt reiten quatscht sie nämlich meistens. Wenn sie nicht gerade auf die Uhr guckt. Mein bester Kumpel Faxe, der Tinker, sagt, das wäre doch schon mal was. Andere würden beim Reiten telefonieren oder SMSen. Das ist jetzt aber ein schwacher Trost, finde ich.

Faxe meint, ich würde ein wenig angespannt wirken. Ich sollte es doch auch mal mit diesen inneren Bildern versuchen. Er hätte ein ganz Schönes, das dürfte ich mitbenutzen. Und ein Lied dazu, zum innerlich Singen. Es heißt „Probier's doch mal mit Gemütlichkeit". Und was soll ich sagen – es wirkt. Diese Tinker haben's einfach drauf!

Aber zurück zur Frau. Die fragt gerade, wie und warum man das denn bitteschön spüren sollte, das mit den Pferdebeinen. Frau Reitlehrerin meint, es wäre doch praktisch, wenn man als Reiter wüsste, wo sich die Beine seines Pferdes gerade befinden, und fürs feine Reiten unverzichtbar. (Pst, ich weiß, was die Frau jetzt denkt. Feines Reiten = Piaffe? Aber dieses Fühlen kriegt die Frau ja noch nicht mal bei ihren eigenen Beinen hin!). Das sieht die Frau ein. Frau Reitlehrerin meint, man müsste das erspüren, und es wäre eine tolle Aufgabe für die Frau.

Die fühlt sich jetzt ganz wichtig und will unbedingt auch mal was merken. Prima, lobt Frau Reitlehrerin, geritten würde mit dem Hintern, und ohne Fühlen ginge es nicht. Beziehungsweise ohne inneres Bild, mit Fühlen. Die Frau reitet jetzt also innerlich Schritt auf dem Zirkel und versucht, jede Bewegung mitzubekommen. Gleichzeitig soll sie mich biegen und stellen, und zwar mit ganz leichter Anlehnung und mit beweglichen Fingern, wie beim Klavierspielen. Und bloß nicht zu viel am inneren Zügel machen! Als nächstes könnte die Frau ja den Trab dazu nehmen und dann vielleicht noch ein Galöppchen. Und immer schöne Übergänge reiten, mit Großwerden im Sattel und so.

Aufregend! Die Frau hat Blut geleckt. Ihre Augen glänzen, und als sie hört, dass das eine ganz tolle Übung ist, die man auch sehr schön im Büro machen kann, beschließt sie, ihre persönliche Produktivität in den nächsten zwei Wochen auf ein Minimum zu reduzieren und stattdessen lieber mental die Hüften zu schwingen. Mit konzentriertem Gesichtsausdruck und einem gelegentlichen Zungenschnalzen. Länger hält sie eh nicht durch.

Leider war es damit aber nicht getan. Frau Reitlehrerin hat nämlich eine gute und eine schlechte Nachricht für mich. Die gute: Ich habe Bauchmuskeln. Die schlechte: Ich muss sie benutzen. Der Frau geht's anders, aber ähnlich: Sie hat keine Bauchmuskeln, soll sie aber trotzdem benutzen. Und jetzt? Beginnt die hektische Suche nach einer alternativen Sportart, die aber um Himmels willen nicht anstrengend sein darf. Ich finde ja, sie könnte zusätzlich noch ein bisschen abnehmen. Also ich krieg dann immer ein Heunetz in die Box gehängt – das müsste bei ihr eigentlich auch klappen.

Bauchmuskeln müssten halt zusätzlich auch noch erscheinen, aber am liebsten von ganz alleine. Bis die da sind, tut die Frau das, was sie am besten kann, nämlich einkaufen. Und zwar ein langes Bein.

Die Frau kauft sich ein langes Bein

Das mit dem langen, ruhigen Bein macht der Frau schon länger zu schaffen. Also dass sie keines hat, meine ich natürlich.

Zum einen sieht es auf den Videos und Fotos, zu deren Anfertigung sie den Mann nötigt, nicht schön aus, zum anderen klappt's halt auch mit dem Reiten nicht so gut, wenn man ständig treibt und mit dem Bein herumwackelt. Auch Frau Reitlehrerin meint, es wäre ungünstig, wenn man dauernd den Absatz hochzieht und sich damit den Sitz versaut. Außerdem würden Pferde es ja bekanntlich auch mitbekommen, wenn eine Fliege auf ihnen herumkrabbelt, da müsste man also logischerweise davon ausgehen, dass ihnen ein ständig treibender Schenkel kolossal unangenehm ist (Thema Losgelassenheit und so). Von daher wäre jedes Pferd sensibel am Schenkel. Wenn man es nur lässt.

Habe ich euch schon erzählt, dass Frau Reitlehrerin toll ist? Ja, habe ich schon? Ich dachte, ich hätte es vielleicht vergessen.

Die Frau findet natürlich, dass ihr unruhiger Sitz meine Schuld ist. Ich wäre so unbequem und würde auch nicht vorwärtsgehen. Dabei verschweigt sie aber, dass wir intern mal die Abmachung getroffen hatten, dass ich möglichst langsam auf dem Reitplatz herumeiere, damit sie sich nicht so doll am Zügel festhalten muss und ich bloß keine schwungvollen Gänge entwickele, weil dieser schreckliche Schwung ja so anstrengend zu sitzen ist. (Übrigens habe ich gehört, dass man dafür Bauchmuskeln braucht.)

Mal ganz ehrlich: Warum soll ich mir das Leben schwermachen und freudigen Vorwärtsdrang zeigen, wenn ich doch nur mit dem Zügel im Maul gestört werde? Eben, das macht man ein paarmal und findet dann Alternativen.

Frau Reitlehrerin ist glücklicherweise ganz meiner Meinung. Zum einen wäre das Festhalten am Zügel verdammungswürdig, zum anderen würde sich die Frau durch ihre Herumwackelei jegliche Möglichkeit der zielgerichteten, feinen Einwirkung nehmen. Was eigentlich schade ist, denn sie würde so gern ~~Piaffe Passage~~ halbwegs nett reiten können.

Was also tun? Frau Reitlehrerin vertritt die Ansicht, a) die Frau sollte weiter Bauchmuskeltraining machen und b) das Bein sollte locker herunterhängen. Dann sähe es optisch schon mal länger aus. Und jetzt locker nach unten durchfedern. Locker, locker, locker. Das Bein wäre nämlich nicht zum Treiben da, sondern zum Beispiel für die Biegung. Echt jetzt? Die Frau will das nicht glauben. Man müsste doch mit dem Schenkel treiben? Ja schon, aber nicht mit dem hochgezogenen Absatz. Die Frau fühlt sich ertappt, traut sich aber nicht zu widersprechen und setzt stattdessen einen fragenden Blick auf.

Frau Reitlehrerin versteht und erklärt das mit den treibenden Hilfen nochmal ganz genau. Man würde nämlich einmal leicht mit der flachen Wade drücken, bis Pferd und Reiter in der gewünschten Gangart sind. Danach wäre es die Aufgabe des Pferdes, das Tempo beizubehalten. Das hört sich nach Arbeit an. Ich bin kurzfristig entsetzt.

Zur Not hätte die Frau ja eine Gerte dabei, mit der man das Pferd (mich!) mit zunehmender Intensität touchieren könnte. An diesem Punkt ihrer Ausführungen habe ich Frau Reitlehrerin nicht mehr ganz so lieb.

Der Pfridolin wäre ja so ein kluges, sensibles Tier, sagt sie, während sie mich in die Bahnmitte bittet und krault. So ein wunderbares Pferd wäre ich, dass ich dieses System sofort verstehen würde, so dass die Frau schon mit einem leichten Touchieren den gewünschten Effekt hätte. Ich nicke geschmeichelt. Jaja, klug und sensibel, das stimmt schon. Und wenn dafür die ständige Absatzbohrerei in meinem Bauch aufhört, ist es ja eigentlich doch keine so schlechte Idee.

Weil die Frau sich weigert, ihre Beine entspannt runterhängen zu lassen, zieht Frau Reitlehrerin ein bisschen daran herum und dreht ihr die Oberschenkel so ein, dass die Beine mit der flachen Wade an mir anliegen. So, und jetzt damit einmal leichten Druck ausüben – fertig. Wie – mehr nicht?, fragt die Frau. Nee, mehr Kraft bräuchte man da nicht. Und wenn der kluge, sensible Pfridolin darauf nicht reagieren würde, könnte die Frau ihn leicht mit der Gerte touchieren und dann – siehe oben. Ich habe genug gehört und setze mich in Bewegung. Die Frau jubelt, Frau Reitlehrerin grinst.

Das hat die Frau sehr beeindruckt. Um aber auf Nummer Sicher zu gehen und weil sie gern shoppen geht, mussten jetzt neue Reitstiefel her, und zwar möglichst hohe und möglichst enge, wegen der schicken Dressuroptik. Die alten Stiefel wären schon oll und ausgeleiert, da wäre es ja kein Wunder, wenn nix klappt und das Bein so furchtbar wackelt.

Jetzt hat die Frau sehr elegante Dressurstiefel, in denen sie ihre Beine nicht bewegen kann – also insofern Ziel erreicht. Leider kann sie damit außer Rumsitzen auch nicht viel tun, geschweige denn Herumlaufen, weil die Stiefel so wunderbar neu und unbequem sind. Aber das würde sie niemals zugeben. Sie sagt dann immer, sie würde die neuen Stiefel schonen.

Blöderweise ist es damit aber nicht getan. Jetzt treten nämlich die unlockeren Oberschenkel in Erscheinung, mit denen es fertigzuwerden gilt.

Neues vom langen Bein

Die arme Frau. Jetzt hat sie die wunderbaren neuen Stiefel, die in etwa so bequem sind wie ein bis zwei Gipsbeine, und trotzdem keine lockeren Oberschenkel. Wahrscheinlich ist das auch wieder meine Schuld. Ich kenn das schon. Der Mann und ich teilen uns die Schuld an allem, was nicht klappt, vom schlechten Wetter bis hin zur zu engen Reithose.

Weil die Frau zwischendurch wieder mit den alten Reitstiefeln geritten ist, hatte ich mich schon gefragt, was wohl mit dem neu gekauften langen Bein passiert ist. Vielleicht hat sie es ja in den Schrank gestellt oder in ihrer üblichen Unordnung ~~verschlampt~~ verlegt. Vielleicht ist es auch in Urlaub? Die Frau sagt, im Urlaub hätte sie ein ganz toll langes Bein gehabt. Überhaupt wäre sie im Urlaub toll geritten. Immer dann, wenn grade keiner geguckt hätte. Das wäre bei ihr eigentlich immer so – wenn's klappt, guckt keiner. Und wenn jemand zuguckt, klappt natürlich gar nix. Als sie das gesagt hat, hat sie den Mann und Frau Reitlehrerin so komisch von der Seite angeschaut. Aber die beiden kennen sie anscheinend schon länger und tragen es mit Fassung.

Aber man fragt sich schon, wieso nur ein langes Bein und nicht zwei, oder? Also mir ist das natürlich direkt aufgefallen, und ihr wahrscheinlich mittlerweile auch. Na, Hauptsache, das ganze lästige Geld ist erstmal weg, so dass sie in Ruhe auf ein zweites langes Bein sparen kann.

Auf jeden Fall sind ihre Beine mit den neuen Reitstiefeln schön ruhig – kein Rumwackeln mehr, keine hochgezogenen Absätze, die sich in meinen muskulösen Bauch bohren – prima! Das liegt aber nicht etwa daran, dass die Frau ganz plötzlich reiten gelernt hat, sondern es kommt natürlich daher, weil die schicken Dressurstiefel so flexibel und bequem wie Skischuhe sind. Mit Skiern dran.

Aber die Stiefel sind schon auch schön und machen ein elegant schlankes Bein. Von daher hat sich der Kauf ~~irgendwie~~ auf jeden Fall gelohnt. Und damit es noch schöner wird und vielleicht sogar irgendwann auch mit dem Reiten klappt, hat Frau Reitlehrerin der Frau ein neues inneres Bild zum Üben gegeben. Sie soll sich nämlich vorstellen, sie würde beim Reiten nach oben und unten wachsen. Wie ein Baum. Aber schon eher wie eine Pappel, nicht wie so ne Bonsai-Trauerweide. Als die Frau das zum ersten Mal ausprobiert hat, war es irgendwie ein cooles Gefühl. Sie so mit

Körperspannung und ich so mit Körperspannung. Das kenn ich sonst gar nicht von uns. Und alles nur, weil sie an einen Baum gedacht hat. Schon toll, oder? Ich probiere das gerade auch aus und denke an Möhren. Bin gespannt, was passiert.

Wie das im Leben so ist – irgendwas ist immer. Die Möhren habe ich gekriegt, ja, aber nur, damit ich stillhalte, während die Frau mir einen neuen Stufenschnitt verpasst. Unnötig zu erwähnen, dass sowas mein Liebesleben komplett ruiniert. Wenn man Glück hat, haben die Mädels wenigstens noch Mitleid mit einem, wenn nicht, wird man ausgelacht.

Die Frau, die Mähne und ich

Den Sommer über hab ich mir die Haare wachsen lassen und sehe jetzt total männlich aus. Der Stufenschnitt, mit dem mich die Frau – aus Versehen, wie sie behauptet – , bedacht hat, ist kaum noch zu erkennen und alle Mähnenhaare sind länger als ~~30~~ ~~20~~ 10 Zentimeter. Ich fühle mich wie ein feuriger Spanier und kann ausdrucksvoll die Mähne schütteln. Stuti und Rosa umschwärmen mich und ich stehe sooooo kurz davor, ein Liebesleben zu bekommen. Sogar Else guckt mich freundlich an. Nicht so Kleiner-Bruder-freundlich, neenee, sondern mit so einem gewissen Glanz in den
Augen. Mit einem Wort: Das Leben ist schön.

Ich habe zwar nicht so lange Haare wie Faxe, mein flauschiger Tinkerfreund, oder Companero, der Spanier, aber für meine Verhältnisse sieht es ordentlich verwegen aus. Das betont meine freie und unabhängige Persönlichkeit. Ich spüre richtig, wie sich Testosteron und Temperament entfalten. An solchen Haaren, wie ich sie jetzt habe, wird sich die Schere der Frau die Zähne ausbeißen, wetten?

Ich weiß auch gar nicht, wie sie überhaupt darauf kommt, dass ich frisiert werden muss. Immer dann, wenn ich nicht mehr wie ein muskulöses, minderjähriges Plüschtier aussehe, sondern eine kernig unrasierte Ausstrahlung bekomme, wird sie unruhig und behauptet, bei einem Warmblut sähe eine Zottelmähne schäbig aus. Ich finde das nicht. Ich finde eine putzig krumm und schief abgesäbelte Mähne auch nicht gepflegt oder sportlich, sondern lächerlich. Vor allem macht mich sowas zehn Jahre jünger und Else und die anderen Stuten behandeln mich dann immer wie ein überdimensioniertes Fohlen. Wenn sie nicht gerade alle über mich lachen. Ehrlich, so gruppendynamische Prozesse find ich total überflüssig.

Abgesehen davon, dass das Ergebnis eigentlich auch nur die Frau überzeugt – und manchmal noch nicht einmal sie – ist Mähneschneiden ein zutiefst unwürdiger Vorgang, der nur deshalb stattfinden kann, weil die Frau mit Verziehmesser oder Mähnenkamm nicht umgehen kann. Eigentlich ist das auch gut so, weil Mähne mit dem Kamm verziehen ganz schön doof ist. Da werden einem Mähnenhaare ausgerissen, einfach so. Um den Kamm gewickelt, kräftig gezogen und –

weg. Weil die angeblich über sind. Das tut eigentlich nicht weh, dauert aber ~~tagelang~~ ewig. Nachdem ich der Frau dabei zufällig ein paarmal auf die Füße getreten bin, hat sie allerdings schnell damit aufgehört. Die nächste Station war ein Verziehmesser. Das hat nicht so geziept und sah auch nicht so Pottschnitt-mäßig aus, sie hat sich dabei aber regelmäßig selbst verstümmelt. ~~Aus unerfindlichen Gründen~~ Deshalb wanderte das Verziehmesser dann auch schnell in die Mülltonne.

Tja, und seitdem habe ich es mit der Schere, ihrem Knick in der Optik und ihrem unterentwickelten Sinn für Pferdeschönheit zu tun. Man nennt das wohl verhaltenskreativ. Ich hoffe, es dauert noch ein bisschen, bis ich das nächste Mal höre: „Ups! Na, das wächst ja schnell wieder nach."

Mit so einem Fünf-Stufen-Schnitt steht man zwar im Zentrum der Aufmerksamkeit, aber auf ganz andere Art als man eigentlich möchte. Ich spreche da leider aus Erfahrung. Aber nicht nur ich hab's schwer, auch die Frau fühlt sich unverstanden.

Die Frau hat's schwer

Die Frau hat's mal wieder schwer. So richtig, richtig schwer. Und keiner versteht sie. Frau Reitlehrerin nicht, der Mann nicht und sowieso niemand auf der Welt. Ich habe Glück, ich verstehe sie zwar auch nicht, aber mich findet sie niedlich. Deshalb ist sie in solchen Momenten besonders anschmiegsam. Ich mag sie ja auch und weiß genau, dass sie weiß, dass Liebe durch den Magen geht. Entsprechend viele Leckerlis bekomme ich auch.

Es fing (natürlich) wieder im Reitunterricht an. Frau Reitlehrerin stellte fest, dass die Frau im Schulterbereich ~~total verspannt~~ ein wenig fest war und schlug ihr vor, erstmal die Schultern kreisen zu lassen. Ich hätte ihr das ja schon früher gesagt, aber auf mich hört ja keiner. Die Frau kreist also munter drauflos. Ich bekomme in solchen Situationen immer den Zügel auf den Hals gelegt und wandere gemütlich auf dem Hufschlag außen rum.

Erstens ~~traut sich kein anderer Reiter in die Bahn, wenn die Frau reitet~~ waren wir zufällig ganz allein in der Halle und zweitens wächst da manchmal was Essbares, was man unauffällig rupfen kann. Tannendeko von Weihnachten zum Beispiel. Oder auf dem Reitplatz Grasbüschel und lecker Hecke.

Die Frau kreist übrigens immer noch. Erst in eine Richtung, dann in die andere. Sieht lustig aus, wenn auch ein wenig verbissen. Jetzt soll sie ganz klitzekleine Kreise mit den Schultern machen und siehe da, allmählich kehrt Lockerheit in den Schultergürtel ein. Während ihre Ärmchen rotieren, schwingt sie bitterböse Reden. Das wäre alles so schwierig und sähe total lächerlich aus, täte auch irgendwie weh und ganz bestimmt gäbe es auch einen einfacheren Weg, den Frau Reitlehrerin ihr aber vorenthalten würde, damit sie, die Frau, sich hier zum Affen machen würde. Nicht, dass sie was gegen Affen hätte, aber ob diese ganze Turnerei wirklich nötig wäre? Andere würden nie turnen. Nie. Schon gar nicht auf dem Pferd. Die wären aber auch locker, erwidert Frau Reitlehrerin ungerührt. Ob die Frau denn ihre Dehnübungen für die Hüftbeuger gemacht hätte? Die Knie müssten tiefer und das Bein insgesamt länger sein.

Ups, erwischt. Natürlich hat die Frau kein bisschen geübt, will das aber nicht zugeben. Sie behauptet, ihre Beine wären nicht zu verlängern. Sie wäre ausgewachsen und mehr käme da nicht. Das lässt Frau Reitlehrerin nicht gelten und spricht stattdessen von einem entspannten Oberschenkel, der locker herunterhängt. Die Frau erfindet merkwürdige Hüftschmerzen, die sie vom Üben abgehalten hätten. Um aus dem unangenehmen Gespräch herauszukommen, streckt sie die Beine eifrig nach unten.

Ob das denn auch lockerer ginge, will Frau Reitlehrerin wissen. Die Frau verneint. Sie könnte ja nix dafür, dass das alles so schwierig wäre. Aber wenn ich bequemer wäre und freiwillig piaffieren würde, dann würde sie ganz bestimmt lockerer sitzen. Ich gucke Frau Reitlehrerin an. Frau Reitlehrerin guckt die Frau an. Die guckt zurück. Also mich guckt sie ja schon die ganze Zeit an, weil sie den Kopf immer so hängen lässt, aber jetzt richtet sich tatsächlich zu ihrer vollen Größe von 1,61 m auf und guckt Frau Reitlehrerin an. Die guckt wieder mich an und wir beide haben den Verdacht, dass die Frau das eventuell ernst meint.

Wieso soll denn der Pfridolin piaffieren?, fragt Frau Reitlehrerin, nur leicht irritiert. Sie und ich, wir kennen die Frau und ihre lustigen Ideen ja schon länger und wissen, dass sie eigentlich trotzdem ok ist.

Weil das toll wäre. Hach, Piaffe, seufzt die Frau so sehnsüchtig, so dass Frau Reitlehrerin ihr gar nicht böse sein kann. Sogar ich bin gerührt. Wenn man bedenkt, wie anstrengend Piaffe ist, spricht das ja wohl wirklich für mein gutes Herz. Für einen Moment habe ich sogar überlegt, mal kurz auf der Stelle zu trippeln, um meiner putzigen Besitzerin eine Freude zu machen. So hengstmäßig, mit weit gesenkter Hinterhand und stolzer Aufrichtung. Dann entscheide ich mich dagegen. Man soll die Menschen nicht verwöhnen, die wollen das dann immer, hat mir mein kluger Kumpel Faxe mal gesagt, und weil er den totalen Durchblick hat und (manchmal) Türen öffnen kann, glaube ich ihm.

Nach diesem emotionalen Moment schlucken wir alle kurz und Frau Reitlehrerin meint gerührt, dass sie das gut verstehen könnte. Piaffe würde sich wirklich genial anfühlen. Aber wenn die Frau sowas reiten wolle, müsste sie leider auch korrekt sitzen. Die schnieft und will sich absichern. Ob es denn beim Reitenlernen wirklich keine Abkürzung gäbe. Es wäre soo soo soo schwer und ihr Körper würde sich gegen sie verschwören.

Leider nicht, ist die Antwort. Wenn man reiten will, geht das nur über den korrekten Sitz. Und den kann ja nicht Frau Reitlehrerin von unten einnehmen, sondern die Frau muss das für sich selbst lösen. Jammern nützt da nix. Die Frau seufzt nochmal und behauptet, ab sofort würde sie wirklich IMMER ihre Gymnastiкübungen machen. Und darauf achten, dass sie im Büro und überhaupt immer eine gute Haltung hat, damit ihr der aufrechte Gang und das alles irgendwann zur Gewohnheit wird.

Wie war das noch mit den guten Vorsätzen, die bei ihr maximal eine Woche halten? Faxe und ich sind da konsequenter. Auf jeden Fall geben wir uns wesentlich mehr Mühe, an mehr Futter und weniger Arbeit zu kommen.

Überhaupt, das mit diesem Sitz scheint sich zum Dauerproblem zu entwickeln. Hätte nicht gedacht, dass meine niedliche kleine Besitzerin ~~sich dauerhaft so~~

~~dämlich anstellt~~ so reizend ungeschickt ist. Aber andererseits sollte ich sie ja mittlerweile wirklich kennen. Ich erinnere mich da zum Beispiel an den Tag, als sie dreimal hintereinander über meine Putzkiste gestolpert ist. Wir hatten an dem Tag Bodenarbeit gemacht und ich bin ihr natürlich immer ganz lieb ausgewichen, wenn sie haltsuchend auf mich zugeflogen kam. War aber anscheinend auch nicht richtig. Oder neulich, als sie mir die Regendecke verkehrt herum anziehen wollte.

Also gehen Frau Reitlehrerin und ich ohne weiteren Kommentar nahtlos zu Trockenübungen an der Longe über. Man nennt das anscheinend auch Sitzlonge. Ist der Frau aber egal. Solange es nicht Piaffe oder Passage heißt, ist sie grundsätzlich dagegen. Im Gegensatz zu meiner nörgelnden Besitzerin kann ich Sitzlonge aber nur empfehlen. Sehr entspannend für unsereinen, aber für Menschen irgendwie schwierig. Aber für die ist ja alles schwierig.

Frau Reitlehrerin, die Frau, die Sitzlonge und ich

Meine Boxennachbarin Else und ich haben jetzt anscheinend so was wie 'ne Beziehung – jedenfalls hat sie manchmal die Ohren nach vorn, wenn ich in der Nähe bin. Ich finde das romantisch. Letztens hat sie mich sogar angewiehert, als ich wieder zurück auf's Paddock gegangen bin.

Und das kam so: Wir standen alle draußen rum und ~~schliefen~~ sonnten uns, als plötzlich die Frau mit wichtiger Miene und Bestechungsmöhre daherkam. Ich bin ja nicht so und habe mich einfangen lassen, obwohl sie eigentlich gegen unsere Abmachung verstoßen hat, mich erst am späten Nachmittag mit Arbeit zu belästigen. Es war aber gar nicht so schlimm, weil Frau Reitlehrerin eine kluge Idee hatte: Wir machen Sitzlonge!

Hört sich verwirrend an, weil die Einzige, die sitzen soll, die Frau ist und die das bekanntlich nicht so gut kann. Das findet sogar die Frau, die sich letztens vom Mann hat filmen lassen. Frau Reitlehrerin grinst breit und ist weit davon entfernt, ihr zu widersprechen. Frau Reitlehrerins Aufgabe ist es, in der Mitte zu stehen und konstruktiv zu meckern. Das kann sie gut. Außerdem muss sie die Longe festhalten, an der ich im Kreis um sie herumlaufe.

Es kam aber alles ganz anders. Die Frau, gestiefelt, gespornt und zum Äußersten bereit, sollte sich erstmal einfach nur so auf mich draufsetzen und die Steigbügel überschlagen. Ach ja, und bitte die Sporen auszuziehen, wenn's recht ist. Das war ihr zwar nicht recht, aber wenn Frau Reitlehrerin diesen Ton anschlägt, ist Widerspruch zwecklos. Dann führte uns Frau Reitlehrerin im Schritt herum. Die Frau sollte dabei die Augen schließen, sich von meiner Bewegung mitnehmen lassen und einfach nur fühlen. Das fand sie zwar langweilig, fügte sich aber. Ich fand's super, vor allem, weil Frau Reitlehrerin dabei an meinem Hals herumgepuschelt hat.

Frau Reitlehrerin wollte dann wissen, was die Frau so alles fühlt. Langeweile, war die ehrliche Antwort. Falsch!, sagte Frau Reitlehrerin, eigentlich sollte die Frau nämlich merken, dass sich ihr Becken im Schritt dreidimensional bewegt. Also nicht diese komische Schiebebewegung, die sie aktiv und mittlerweile ganz automatisch macht, sondern ein passives Mitgehen nach oben, unten und vorne, und zwar in Form einer liegenden Acht.

Aha. Das hatte sich die Frau aber irgendwie anders vorgestellt. Eigentlich wollte sie direkt galoppieren, wild die Arme kreisen lassen und dergleichen mehr. Diese langweiligen kleinen Bewegungen wären doch sicher für Kinder, oder?, fragte sie Frau Reitlehrerin. Die antwortete, Reiten würde zu einem Großteil aus Fühlen bestehen, das müssten viele Erwachsene erst lernen. Besonders die Kopfmenschen, die tagein, tagaus im Büro sitzen. Die Frau sagte nochmal aha, diesmal aber nicht ganz so mürrisch. Kopfmensch, das hört sich ja auch gut an. Intellektuell und so. Die Frau ließ das erstmal sacken.

Aber dann ging's weiter: Die Frau sollte ihre Sitzbeinhöcker spüren (das sind diese komischen Knochen, auf denen die Menschen sitzen und die wie Schaukelstuhlkufen geformt sind) und darauf nach vorn und nach hinten schaukeln und dann daraus die mittlere Position finden. Das wäre die Basis für einen guten Sitz, erklärte Frau Reitlehrerin. Damit aber noch nicht genug: Damit die angespannten kurzen Beinchen der Frau lokkerer werden, musste sie jetzt auf mir mit den Beinen strampeln wie beim Radfahren. Vorwärts und rückwärts.

Das wäre ganz und gar unmöglich, befand die Frau. Dochdoch, versicherte Frau Reitlehrerin, das ginge. Sie müsste halt einfach weitermachen, dann würde es auch leichter werden. Für mich fühlte sich das prima an, weil die Frau langsam lockerer wurde und ich größere Schritte machen konnte. Frau Reitlehrerin fand das toll und wies die Frau sicherheitshalber darauf hin, was da gerade unter ihrem Hintern passiert. Die Frau grummelte, das wäre ihr auch schon aufgefallen und ob sie jetzt immer auf die Art Schritt reiten müsste, das wäre nämlich verdammt anstrengend, sähe uncool aus und ihr würden bald die Beine abfallen.

Nein, das wäre nur zum Lockern, erklärte Frau Reitlehrerin. Das sollte die Frau ruhig immer beim anfänglichen Schrittreiten machen. Eigentlich bräuchte nicht nur das Pferd eine Lösungsphase, sondern der Reiter auch. Die Frau guckte wenig begeistert. Aber jetzt erstmal ein Päuschen mit Beine ausschütteln. Den restlichen Körper bitte gleich mit, denn als nächstes käme der Trab. Prima, dachte die Frau. Endlich Action und Schluss mit der doofen Übung!

Jetzt sollte sie mich antraben und dabei schön locker sitzen bleiben. Ohne sich festzuhalten, wenn möglich. Das sind ja sonst unmögliche Forderungen. Die Frau stellte aber überrascht fest, dass das ging. Ohne Festhalten – der Wahnsinn! Außerdem säße sie irgendwie lockerer auf mir als sonst und das Aussitzen wäre gar nicht so unbequem, teilte sie Frau Reitlehrerin mit. Die betrachtete die Frau und mich wohlgefällig und meinte, nachdem die Frau im Schritt so schön ihre Beine gelokkert hätte, kämen als nächstes die Schultern dran. Die Frau sollte doch mal mit dem rechten Arm kreisen. Mit dem linken dürfte sie sich festhalten. Festhalten – prima! Die Frau strahlt und kreist wie ein Ventilator. Nee, langsamer. Nee, noch langsamer. Nur so ganz kleine Bewegungen aus der Schulter heraus.

Was Frau Reitlehrerin sich aber auch immer ausdenkt. Die Frau ist jedenfalls gefordert. Kreisen, kreisen. Vorwärts und rückwärts. So, und jetzt auch mit dem anderen Arm. Wie, ohne festhalten? Ob Frau Reitlehrerin ganz sicher wäre. Frau Reitlehrerin war nicht ganz sicher, aber doch optimistisch, und siehe da, es klappte. Damit hätte ich ehrlich gesagt auch nicht gerechnet.

Die Frau schwang die Arme. Vorwärts und rückwärts. Und als krönenden Abschluss mit dem einen Arm vorwärts und mit dem anderen Arm rückwärts. Nach anfänglichen Schwierigkeiten hat sie das sogar hingekriegt. Und was soll ich sagen – so locker hat sie selten auf mir gesessen! Wenn sie das jetzt noch mit Zügeln in der Hand hinkriegt, kann sie stolz auf sich sein. Auf mich und auf Frau Reitlehrerin aber auch, weil wir ihr das so nett erklären.

Sitzlonge ist aber auch deshalb toll, weil es gut für meine Beziehung zu Else ist. Faxe sagt, man muss sich zwischendurch auch mal rar machen, dann freuen sich die Mädels, wenn man wieder da ist. Man hat auch immer was Lustiges zu erzählen.

Aber es ist schon unfassbar, was Menschen so für Probleme haben, mit nur zwei Beinen. Wenn die Frau ein Pferd wäre, wäre sie längst ausgestorben, wetten? Ich wundere mich ja schon, wenn sie es zu Fuß unfallfrei bis zur Futterkammer schafft, aber was sie beim Reitenlernen so alles macht - ohne Worte. Nur ein Beispiel: Neulich haben wir einen weiteren Versuch mit der Sitzlonge unternommen. „Wir" sind in dem Fall Frau Reitlehrerin und ich. Die Frau war wie immer nur dabei.

Es ging los mit dem Einfühlen in meine Bewegung im Schritt. Das hatten wir zwar schon, ist aber immer wieder nötig. Und für die Frau auch immer wieder neu.

Hab ich euch schon erzählt, dass die Frau ungefähr so einfühlsam wie ein Rübenlaster ist? Doch, wirklich. Sie und meine Boxennachbarin Else haben eigentlich viele Gemeinsamkeiten. Sie schaukelt also wie ein Kartoffelsack auf mir rum und schlingert dabei gefährlich nach rechts und links, was sie Frau Reitlehrerin mit einem strahlenden Lächeln als „schon viel lockerer in der Hüfte" verkaufen will. Na, denk ich, das legt sich sicher. Wart mal ab, in ein paar Runden ist ihr das zu anstrengend. Aber weit gefehlt. Gutgelaunt eiert sie weiter und lässt sich auch von Frau Reitlehrerins beharrlichen Aufforderungen, „sich einfach mal passiv von der Bewegung mitnehmen zu lassen", nicht beirren. Frau Reitlehrerin versucht es weiter. „Passiv! Mitnehmen lassen!" Ja, meine Besitzerin ist nicht so ein Wischi-Waschi-Mädchen – wenn die sich einmal was in den Kopf gesetzt hat, bleibt sie auch dabei. Sie schaukelt und schwankt.

Aber Frau Reitlehrerin weiß Rat und fordert sie sie zu der lustigen Radfahr-Übung vom letzten Mal auf. Ihr erinnert euch: Dabei soll die Frau im Schritt mit den Beinen strampeln, so, als ob sie Radfahren würde. Huch. Da muss man sich doch erstmal um ein wenig Stabilität und Gleichgewicht kümmern, wenn man nicht runterrutschen will. Sie macht also irgendwas mit ihrer Körperspannung, und das störende Rumgewackel hört auf. Das ist auch gleich viel angenehmer für mich, weil ich so ganz entspannt ausschreiten kann, ohne dass mir jemand auf der Wirbelsäule rumhampelt oder das Gleichgewicht nimmt. Die Frau strampelt mit Feuereifer und quietscht übermütig, weil das mittlerweile schon ganz gut klappt. Frau Reitlehrerin ist beeindruckt.

Weil die Frau zwischenzeitlich auch die Mysterien des Schulterkreisens für sich gelöst hat, lässt mich Frau Reitlehrerin antraben. Natürlich erst, nachdem sie die Frau schonend darauf vorbereitet hat, dass sie sich eine spannende neue Übung für sie ausgedacht hat. Die Frau teilt mit, sie hätte sich schon längst eine neue Herausforderung gewünscht und lechzt nach Details.

Da lässt sich Frau Reitlehrerin nicht zweimal bitten und erklärt, wie sie sich das vorstellen würde: Zunächst einmal Radfahr-Strampeln im Trab. Wenn das gut klappt, bitte das Schulterkreisen hinzunehmen, und zwar eine Schulter vorwärts und die andere Schulter rückwärts.

Ach, denken die Frau und ich wie aus einem Mund gleichzeitig. Schritt ist doch eigentlich auch eine sehr schöne Gangart. Dieses Traben ist unnötig und wird völlig überbewertet. Das sieht Frau Reitlehrerin aber anders. Sie hatte sich zunächst noch erweichen lassen und ein paar Übungen für die Augen und die Schultern gezeigt, bei denen die Frau irgendwie noch lockerer im Oberkörper geworden ist, aber dann kam der Trab.

Tja, und seitdem versucht die Frau, ihre Arme und Beine zu sortieren, mit den Beinen zu strampeln, den Schultern zu kreisen, nicht aus dem Takt zu kommen und gleichzeitig weiterzuatmen. Wenn ich so unkoordiniert rumwackeln würde, wär aber schon lange der Tierarzt da!

Aber mal ganz ehrlich: Dafür, dass sich die Frau immer so ultra- döspaddelig anstellt, ist sie mittlerweile ganz schön locker. Die Wackelei und Kreiserei macht auch gute Laune. Sie kichert nämlich die ganze Zeit. Frau Reitlehrerin ist ausnahmsweise voll des Lobes, weil die Frau so entspannt und motiviert ist wie selten, und das überträgt sich sogar auf mich.

Dieses ganze Arme und Beine kompliziert über Kreuz bewegen tut wohl nicht nur dem Körper gut - es macht anscheinend auch das Gehirn locker und entspannt.

Sollte Else auch mal versuchen, die guckt immer so mürrisch aus der Wäsche. Zuerst hab ich ja gedacht, es hat was mit mir zu tun, aber die guckt genauso, wenn ich sie mal fünf Minuten lang nicht ärgere. Komisch, nicht?

Jetzt, wo die Frau besser mit ihren Körperteilen klarkommt, hat ihr Frau Reitlehrerin ein Geheimnis verraten: Man könnte nämlich ein gut ausgebildetes Pferd allein aus dem Sitz reiten, ohne Zügelhilfen. Da hat die Frau gestaunt. Ich aber auch.

…dann klappt's auch mit der Parade

Die Frau hat mal wieder versucht, mich zu reiten. Im Unterricht. Es fing schon gut an, als sie die Zügel aufnahm und direkt lostraben wollte. Wenigstens hatte sie mich vorher im Schritt warmgeführt – Anordnung von Frau Reitlehrerin, damit sie ein kleines bisschen lockerer wird. Dann schleift sie mich zur Aufsteighilfe, hievt sich ungelenk auf meinen Rücken und nimmt die Zügel auf, um direkt loszulegen. Aber nicht mit Frau Reitlehrerin. Die hat sich nämlich in den Kopf gesetzt, die Frau insgesamt mehr aus dem Sitz heraus reiten zu lassen. Mehr Sitz, weniger Hand!

An und für sich ein guter Plan, aber leider zum Scheitern verurteilt, weil nämlich die Frau daran beteiligt ist. Die ist zwar hochmotiviert und stets bemüht, aber doch eher Handwerker als Sitzkünstler. Aber Frau Reitlehrerin plant langfristig, und wer weiß, ob die Frau es nicht doch noch lernt.

Jedenfalls soll sie die Zügel gleich mal wieder loslassen und fleißigen Schritt reiten. Und mich dann ohne Zügel zum Halten durchparieren. Bei C. OK, dann halt an der nächsten langen Seite. Auch nicht? An der nächsten kurzen Seite vielleicht? Die Frau lässt sich ganz komisch in den Sattel plumpsen, gibt alle Stimmkommandos, die sie kennt und streckt schließlich die Beine nach vorne weg, als würde sie 'ne Harley fahren. Das irritiert mich dann doch soweit, dass ich stehenbleibe und mich fragend nach Frau Reitlehrerin umschaue. Die urteilt, ich hätte alles richtig gemacht. Bei einer so diffusen Hilfengebung könnte man nichts anderes erwarten.

Die Frau runzelt die Stirn und ist beleidigt, weil Frau Reitlehrerin ihr verbietet, mit den Zügeln nachzuhelfen. Außerdem ist es ihr peinlich, dass Frau Reitlehrerin immer auf den Basics rumreitet – wie zum Beispiel einem korrekten, zügelunabhängigen Sitz – und die Frau dann immer wie ein Vollhorst dasteht, weil mit ihr sitztechnisch nicht viel los ist. Überhaupt hätte man ihr diese Details früher nie richtig beigebracht, beschwert sie sich, als ihr Frau Reitlehrerin nochmal die Hilfengebung erklärt: Nach oben und unten wachsen und dabei einatmen, etwas schwerer einsitzen, dabei das Becken abkippen und ausatmen. Und – ganz wichtig – im Übergang auch hinten sitzen bleiben. Die Frau nickt ganz wichtig. Das wäre ja logisch. Auch das mit dem hinten sitzen bleiben. Das wäre ja klar, dass man hinten sitzen bleiben müsste. Ansonsten würde man ja im Moment des Übergangs nach vorn fallen und die Vorhand zusätzlich belasten. Total kontraproduktiv wäre das, weil der Pfridolin doch vermehrt hinten Last aufnehmen soll. Tse. Nach vorn fallen, wer tut denn sowas. Also ich kenne da jemanden, aber ich werde hier ja für gewöhnlich unterdrückt.

Nachdem auf diese Art ein Konsens über das weitere Vorgehen gefunden wird, soll die Frau erneut anreiten und gleich wieder durchparieren. Das klappt besser, aber sie streckt die Beinchen schon wieder so lustig nach vorn. Frau Reitlehrerin schlägt vor, die Beine doch einfach unten zu lassen. Da wären sie ja eigentlich schon, wegen dem „nach oben und unten wachsen". Ach so. Und das Atmen nicht vergessen. Huch. Die Frau fühlt sich ertappt und schnauft hastig.

Nochmal im Schritt angehen und an der nächsten langen Seite durchparieren, fordert Frau Reitlehrerin. Dieses Mal streckt die Frau die Beine nicht nach vorn, sondern nach hinten. Leider hat das zur Folge, dass ihr Oberkörper nach vorn sackt – das hat wohl was mit dem Gleichgewicht zu tun. Von daher mache ich auch keine Parade mit untergesetzter Hinterhand, sondern stoppe mit den Vorderbeinen, was laut Frau Reitlehrerin ungesund ist. Die Frau meint, vielleicht wäre das mit den Beinen nach vorn doch keine so schlechte Idee. Dabei würde wenigstens meine Vorhand nicht überlastet. Frau Reitlehrerin erklärt, ich wäre erstens keine Harley und zweitens würde sie dadurch soviel Druck in meinen Rükken bringen, dass ich den nicht mehr aufwölben könnte. Die Frau erinnert sich: Rücken aufwölben ist das A und O der Reiterei. Mit anderen Worten: Doofe Idee.

Nach einigen weiteren Versuchen klappt es aber schon ganz ordentlich und ich werde jedes Mal doll gelobt. Frau Reitlehrerin wird übermütig und schlägt vor, jetzt Trab-Schritt-Übergänge dazu zu nehmen. Am durchhängenden Zügel, versteht sich. Und ohne heimlich den Zügel nachzufassen! Woher weiß sie das nur immer? Die Frau hatte tatsächlich gerade darüber nachgedacht, unauffällig die Zügel aufzunehmen. Nur ein ganz klein bisschen, mault sie leise, aber so, dass Frau Reitlehrerin sie nicht hört. Menno. Nix dürfte man hier.

Ich trabe also an und harre der Dinge, die da kommen. Zack, blockiert mich die Frau mit ihrem Becken, so dass ich für einen Moment stehenbleibe. Im Prinzip ganz gut, urteilt Frau Reitlehrerin, aber sie müsste mit ihrem Becken locker die Schrittbewegung vorgeben. Dann würde der gute, brave Pfridolin auch nicht stocken und das ergäbe einen flüssigen Übergang. Die Frau staunt. War das ein kleines Lob? Ui. Sie probiert weiter herum und wird mit dem Becken immer lockerer. Wer hätte das gedacht – wo sie sonst so ein Steifftier ist!

Nach einem richtig guten Übergang ist die Stunde beendet und wir werden beide gelobt. Ich schon allein deshalb, weil ich toll bin. Das ist nur angemessen. Außerdem mach ich hier schließlich auch die ganze Arbeit.

Die Frau hat nur auf mir rumgesessen und ein bisschen mit dem Hintern gewackelt. Merkwürdigerweise wird sie dafür auch gelobt. Irgendwie ungerecht, aber Frau Reitlehrerin belohnt schließlich auch die kleinsten positiven Ansätze. Wenigstens hat die Frau mich heute nicht im Maul gestört, das ist ja immerhin auch schon was!

Übrigens fühlen sich die Muskeln in meiner Hinterhand komisch an. Ich glaube, die haben gearbeitet. Sonst versuche ja immer, das zu vermeiden, aber im Moment passt es mir ganz gut – schließlich steht die Weidesaison bevor und ich will fit für die Mädels sein, wenn es endlich soweit ist. Während mein Kumpel Faxe gleichbleibend tinkerhaft flauschig und süß aussieht, habe ich dann einen muskulösen, männlichen Body. Sie werden es lieben!

Glücklicherweise muss ich die Frau nicht jeden Tag rumschleppen. Manchmal geh ich auch mit ihr spazieren oder longiere sie. Oder ich lasse sie auf dem Reitplatz laufen. Das ist auch prima. Sie schwingt dann eine Longierpeitsche und rennt zeternd über den Platz. Da muss dann auch der Mann lachen. Aber heimlich, um ihre Gefühle nicht zu verletzen. Und einmal hatte sie Bauchschmerzen, da hatte ich auch frei.

Für ein gutes Bauchgefühl

Gestern hatte ich frei, weil meine Besitzerin Bauchschmerzen hatte. Ich hatte das auch schon mal und kenn mich also damit aus. Erst wird man im Kreis herumgeführt und dann kommt der Tierarzt, der einen abhört und sich dann den Handschuh des Grauens anzieht und damit Dinge tut, die ihr gar nicht so genau wissen wollt.

Als nächstes gibt es ein bis zwei Spritzen und dann tut's nicht mehr so weh. Das klappt aber nur, wenn man sofort den Tierarzt ruft und wenn es die richtige Sorte Bauchschmerzen ist. Ein Freund von mir hatte die falsche Sorte Bauchschmerzen und ist daran gestorben. Das war ganz schön traurig. Na, und wo die Frau jetzt auch Bauchschmerzen hatte, war ich schon ein bisschen besorgt, ob der Mann auch alles richtig macht. Man muss nämlich auch das Stroh aus ihrer Box nehmen, damit sie nichts mehr isst. Das macht man, um den Darm zu entlasten, sagt mein Freund Faxe, der Tinker. Faxe weiß fast alles und das, was er nicht weiß, fällt ihm spontan ein. Das ist sehr praktisch für fast alles im Leben.

Danach kommt ständig jemand nach einem gucken (falls man nicht ohnehin gerade herumgeführt wird). Und: Jedes Mal, wenn man äppelt, fällt einem wer um den Hals. Beim nächsten Mal ausmisten oder Paddock abäppeln legt sich die Begeisterung aber schlagartig. Versteh einer die Menschen.

Danach wird man „angefüttert". Das heißt, es gibt ungefähr einmal pro Stunde ein winziges Häppchen Futter. Hierauf hatte ich mich insgeheim schon gefreut, denn ich finde die Frau neuerdings ziemlich schwer. Eine ~~längere~~ kleine Diät würde ihr gar nicht schaden.

Faxe meinte, sie würde vielleicht ein Fohlen bekommen. Ich war da anderer Ansicht, weil meine Boxennachbarin Else im direkten Vergleich auch dauerhaft ~~dick~~ kräftig ist und bisher noch kein Fohlen hatte. Else trägt Pferdedecken, in die locker zwei normale Pferde passen würden. Faxe musste mir da Recht geben. Else wäre nicht tragend, sondern halt… nicht schlank. Und das läge daran, dass sie nach eigener Aussage „freche kleine Pferde fressen" würde. Tsss. Ich bin glücklicherweise nicht klein und demnach nicht in Gefahr.

Heute war die Frau wieder heil und hatte kein Fohlen dabei. Faxe und ich glauben mittlerweile, dass sie sich einfach nur überfressen hat. Ich hatte ja schon länger den Verdacht, dass sie sich an meinem Kraftfutter vergreift, weil meine Rationen immer kleiner werden. Und wo sie oft so angespannt ist, vergisst sie sicher, ihre Futterzeiten einzuhalten und kriegt dann diese Gier-Attacken. Und wenn man sie dann allein in die Futterkammer lässt … Prost Mahlzeit.

Merke: regelmäßige Mahlzeiten sind wichtig. Vielleicht sollte sie auch dauernd Heu knabbern, so wie Faxe und ich. Wir brauchen nämlich ständig was zwischen den Zähnen, damit wir keine Magengeschwüre kriegen, weil unsereins ja permanent Magensäure produziert. Für so Pummelchen wie Else gibt's Heunetze, damit sie ihre Knabberration nicht sofort verputzen, sondern länger was davon haben.

Faxe meint, ich könnte ruhig erzählen, dass wir beide auch mal längere Zeit aus dem Heunetz gegessen haben. Das lag in meinem Fall aber nicht daran, dass ich zu dick war, obwohl böse Zungen das gelegentlich behaupten. In Wirklichkeit hatte ich ein Heunetz, weil ich ein besonderes Pferd bin und besonderes Zubehör brauche. Und was zum Spielen und Kopfkratzen. An so 'nem Heunetz kann man sich nämlich astrein schubbeln. Und außerdem war meines schwarz, was total männlich ist und ein bisschen böse aussieht.

Wenig später behauptet die Frau, ich würde ein kleines Brüderchen bekommen. Und das, wo Faxe und ich gerade beschlossen hatten, dass sie nicht tragend, sondern unschlank ist. Verrückt. Manchmal denke ich auch, sie weiß gar nicht, dass sie nicht meine richtige Mutter ist.

Lucero alias Lutschi

Die Frau hat ja schon länger davon erzählt und nun ist es passiert: Mein kleines Brüderchen ist da. Es heißt Lucero und ist ein Spanier. Das ist mal wieder typisch für die Frau. Sie hätte ja auch eine Stute kaufen können, die dann mit uns zusammenwohnen muss. Aber nein, es muss ein Wallach sein. Im Moment sieht er noch nicht sonderlich spektakulär aus, aber er wird sicher genau so ein Angeber wie mein alter Kumpel Companero. Mit Wallemähne.

Ich selber habe ja ein Mähnentrauma. Ich spreche nicht gern darüber, aber seit mir die Frau mit ihrer planlosen Schnibbelei die Frisur so versaut hat, hab ich gar kein Liebesleben mehr. Vorher war schon nicht viel, aber jetzt ist es ganz vorbei. Die Mädels lachen, wenn sie mich sehen.

Was noch über den Neuen zu sagen ist: er isst gern und ist nicht der Allerschlaueste. Zum Beispiel hat er keine Angst vor Stromlitzen. Hatte, sollte ich besser sagen, denn mittlerweile hat er schon herausgefunden, dass der Zaun rund ums Paddock beißt. Damit hat er anscheinend nicht gerechnet.

Was cool an ihm ist: er mag Halfterziehspiele. Sowas ist Faxe ja immer zu anstrengend. Außerdem schwierig zu machen, wenn der Kopf die ganze Zeit unten im Essen steckt .

Und dann kann der Lutschi auch noch lustige Geschichten über die Frau erzählen. Neulich zum Beispiel hat sie versucht, ihn zu longieren. Das ist jedenfalls das, was Faxe und ich vermuten. Lutschi (wir nennen ihn Lutschi, weil er seine orale Phase anscheinend noch nicht überwunden hat und alles ins Maul nimmt) ist jedenfalls nicht schlau aus dem Rumgefuchtel der Frau geworden. Er kann nämlich Körpersprache und sie nicht.

Da standen sie nun auf dem Reitplatz, halbwegs mittig. Lutschi und die Frau. An seinem Kopf war eine Longe befestigt. Am anderen Ende die Frau, die unkoordiniert damit herumwedelte. Während sie ihn mit der Schulter aufforderte, in den Zirkel hereinzukommen, scheuchte sie ihn gleichzeitig mit der Longe wieder weg. Lutschi fand das befremdlich. Bisher hat er es wohl nur mit Leuten zu tun gehabt, die wussten, was ihre Körperteile so tun. Aber da konnte ich ihn beruhigen – die Frau hat null Körperbewusstsein und daran wird sich wahrscheinlich auch so bald nichts ändern.

Na ja, und dann die treibende Hilfe. Mal war die Frau zu weit vorne und hat seine Schulter rausgeschickt und dabei gemeckert, mal sein Hinterteil. Und dabei gemeckert. Die Stimmkommandos, die er kennt, bringt sie dabei grundsätzlich durcheinander. Ist ja auch schwierig: Schhhh für Schritt, 2 x Schnalzen für Trab, Küsschen für Galopp.

Total simpel, oder? Für jeden außer der Frau. Die ist so gefordert mit sich und der Welt im Allgemeinen, dass sie unkoordiniert schnalzt und ziellos küsst. Und sich dann wundert, wenn pferd genau das tut, was sie sagt.

Übrigens ist das Kommando für Schritt – zumindest in Lutschis kleiner Welt – Schhh und nicht Woah oder Brrr oder Easy oder „Scheeeritt, kleines Pony!" So hat er das gelernt und so ist das also auch. Das meinte zumindest Frau Reitlehrerin, die just in dieser Sekunde aufgetaucht ist.

Jetzt hat die Frau Hausaufgaben und muss Vokabeln lernen: Schhhh, zweimal schnalzen und Küsschen.

Was das spanische Mähnenwunder sonst noch auszeichnet, ist sein grenzenloser Optimismus. Das ist mein diplomatischer Ausdruck dafür, dass er halt schon sehr schlicht gestrickt ist. Wir Literaten können nämlich auch diplomatisch sein. Zum Beispiel versucht der Lutschi jeden Tag aufs neue, seinen kleinen hohlen Kopf durch dem Elektrozaun durchzustrecken, um an das Gras auf der anderen Seite zu kommen und ist dann ehrlich erstaunt, dass der Zaun in der Mitte eine weitere Litze hat, die ihn beißt, sobald er drankommt.

Dass der Lutschi geistig in einer ganz anderen Liga spielt als ich, erkennt man aber auch daran, dass er den Tierarzt mag.

Lucero beim Tierarzt

Der Lutschi war beim Tierarzt. Nein, eigentlich war es genau umgekehrt: der Tierarzt war beim Lutschi. Tierärzte machen das so, damit ihre Patienten keine Möglichkeit haben, sich zu verstecken. Sie kommen zu einem nach Hause und finden einen auf jeder Weide und in jeder Box. Meist hilft ihnen ein zweiter Mensch dabei. Ich weiß gar nicht, warum? Faxe meint, die Pferdebesitzer würden dem Tierarzt sogar noch Geld dafür geben, dass er Löcher in die Pferde piekst und andere Dinge mit ihnen tut. Das glaub ich aber nicht. Die Frau gibt ja bekanntlich ihr ganzes Geld für albern buntes Pferdezubehör aus, da bleibt nix mehr für den Tierarzt übrig.

Na ja, mit einem Mal steht also der Tierarzt da. Ich kenne ja sein Auto und bin sicherheitshalber mal eben um die Ecke verschwunden, wie kluge Pferde das halt machen. Der Lutschi nicht. Der steht da und staunt den Mann mit dem großen Auto an wie einen Sack voller Möhren. Die Frau wieselt diensteifrig herum, begrüßt den Herrn Doktor unterwürfig, merkt dann, dass sie sich uncool verhält, haut noch ein paar flache Witze raus, um das wieder auszugleichen und fängt schließlich den Lutschi ein. Was nicht sonderlich schwer ist, weil der ihr vor lauter Neugier und Aufdringlichkeit fast auf den Arm geklettert wäre.

Nun ist es ja nicht so, als ob das spanische Mähnenwunder noch nie Besuch vom Tierarzt gehabt hätte. Auch geimpft wurde es schon. Und trotzdem strahlt der kleine Kerl den Doc an wie Faxe die Futterkarre. So langsam bin ich davon überzeugt, dass der Lutschi geistig in einer ganz anderen Liga spielt als ich. Möglicherweise sogar auf einem anderen Planeten. Ich hatte ja immer schon den Verdacht, dass er mir intellektuell nicht so ganz folgen kann, aber seit heute bin ich mir sicher.

Ich halte mich vorsichtshalber in sicherer Entfernung auf und beobachte, was weiter geschieht. Schließlich bin ich ~~schadenfroh~~ ~~neugierig~~ interessiert. Außerdem hab ich ihn gewarnt und er wollte nicht hören. Da muss er jetzt schon selbst gucken, wie er klarkommt.

Der Tierdoc und der Lutschi begrüßen sich herzlich. Manchmal ist mir der Lutschi mit seiner Naivität echt peinlich. Er selbst findet sich ja kommunikativ und entgegenkommend, was aber am Ergebnis nix ändert.

Jetzt hat die Frau den Equidenpass in der Hand. Das kenne ich – als nächstes kommt die Spritze und man kriegt ein Loch ins Fell gemacht. Das Mähnenwunder kennt das eigentlich auch. Nichtsdestotrotz setzt der Lutschi seinen Schlafzimmerblick auf und knabbert am Tierarzt herum. Der kichert und streichelt den aufdringlichen Spanier.

Moment mal. Irgendwas läuft hier falsch. Bei mir geht Impfen nämlich immer ganz anders. Da flucht der Herr Tierarzt (natürlich auf akademisch zurückhaltende Art, was wohl daran liegt, dass er die Spritze zwischen den Zähnen festhält), die Frau schimpft und zerrt am Strick und ich tanze hysterisch in der Gegend herum und suche einen Fluchtweg in ein Land, in dem sich unsere Wege nicht mehr kreuzen werden. Ich tröste mich damit, dass sich die Frau gleich einmischen und den Doc daran erinnern wird, weshalb er hier ist.

Endlich bereitet der Doc die Impfung vor. Jetzt wird der Lutschi ganz weinerlich. Der Doc tröstet ihn lieb und entschuldigt sich dafür, dass er ihn pieksen muss. Der Lutschi hat währenddessen das Maul in seine Jackentasche gesteckt und macht einen gar jämmerlichen Eindruck. Der Tierarzt guckt auch traurig und verspricht, ihm nächstes Mal eine Banane mitzubringen. Die Frau mischt sich ein und findet das

„ganz, ganz lieb". Dabei guckt sie den Tierdoc so komisch an. Mit Sternchenaugen. So ähnlich wie Else, als die das letzte Mal rossig war. Ich glaube nicht, dass das dem Mann gefallen würde.

Der Lutschi hat währenddessen heimlich seinen Strick aufgeknotet und lässt sich loben, weil er nicht weggelaufen ist. Der Tierarzt zückt die Spritze. Der Lutschi versucht, sie ihm zu klauen. Der Tierarzt lacht und lobt ihn dafür. Für mich der klare Beweis dafür, dass Menschen einen an der Waffel haben. Neuer Versuch – jetzt schüttelt der Lutschi apart seine zauselige meterlange Mähne, so dass der Doc nicht richtig zielen kann. Kurze Beratung. Der Lutschi knotet währenddessen seinen Strick wieder auf. Die Frau hält ihn jetzt direkt am Kopf fest, so dass der Lutschi mit dem Maul ihre Armbanduhr untersuchen kann. Weil er dabei nicht herumwackelt, kann der Tierdoc tatsächlich impfen.

Zur Belohnung gibt die Frau dem Doc einen Apfel. So hungrig sieht der aber gar nicht aus, weshalb er den Apfel umgehend an den Lutschi weiterreicht. Der muss dafür den Equidenpass, den er dem Doc zwischenzeitlich aus der Hand gerupft hatte, wieder loslassen. Jetzt lachen wieder alle. Verrückt, oder?

Als der Lutschi wenig später auf die Weide zurückkommt, meint er, Impfen wäre gar nicht schlimm, sondern im Gegenteil ziemlich unterhaltsam. Beim nächsten Mal wollte er dem Tierarzt auch noch das Stethoskop klauen. Diesmal hätte er es nur fast geschafft, aber nächstes Mal würde es ganz sicher klappen. Und eine Banane gäbe es außerdem. Nur schade, dass er jetzt zwei Tage Pause hätte und keine lustigen Dinge mit der Frau machen könnte. Aber die Zeit könnte er ja nutzen und sich überlegen, wie sich sein neu entdecktes Interesse an der Tiermedizin mit seinem bisherigen Berufswunsch Taschendieb kombinieren lässt.

Und dazu fällt mir dann auch nix mehr ein.

Obwohl der Lutschi meiner Meinung nach all seine Gehirnzellen fürs Mähnenwachstum braucht, hat er manchmal doch ganz lustige Ideen. Außerdem scheint meine Erziehung mittlerweile Früchte zu tragen.

Ich hab da mal 'ne Frage

Der Lutschi, der eigentlich Lucero heißt und ein spanisches Mähnenwunder ist, wohnt jetzt schon länger bei uns und hat auch schon viel gelernt. Zum Beispiel sieht er die Frau mittlerweile nicht mehr als das gottgleiche Wesen, als dass sie ihm anfangs vorgekommen ist.

In der ersten Zeit hat er sie noch begeistert angestaunt, vielleicht auch, weil er bisher keine Menschen kannte, die sich auf die ihr eigene, unnachahmliche Art fortbewegen und die körpersprachlich so wirr kommunizieren. Mittlerweile hat aber sogar der Lutschi, an dessen Geistesgaben ich bekanntlich starke Zweifel hege, gemerkt, dass die Frau harmlos ist und die meiste Zeit gar nicht weiß, was sie so tut. Gestern war zum Beispiel so ein Tag.

Es fing damit an, dass die Frau das minderjährige Mähnenwunder auf den Reitplatz zerrte, wo sie es laufen lassen wollte. Sie nennt das übrigens Freiarbeit, weil es sich cooler anhört. Dort waren noch ein paar Sprünge aufgebaut, die sie „mal eben" wegräumen wollte. In der Zeit sollte sich der Lutschi schon mal alleine im Schritt warmlaufen. Manchmal frage ich mich schon, was in ihrem Kopf so vorgeht.

Die Frau räumt also planlos hin und her, während ihr der Lutschi über die Schulter schaut und sich partout nicht von ihr trennen will. Jaaa, aufdringlich sein kann er. Ihre weiteren Versuche, ihn wegzuscheuchen, klappen leider auch nicht, weshalb sie ihn schließlich einfangen und führen will.

Das will aber der Lutschi nicht. Der hat nämlich inzwischen herausgefunden, dass auf der anderen Seite der Umzäunung Gras wächst und es fast gar nicht anstrengend ist, sich so zu verrenken, dass man drankommt. So bewegen sich beide von Grasbüschel zu Grasbüschel, bis auch die Frau ausreichend aufgewärmt war. Der Lutschi hat währenddessen noch verschiedene andere Fragen, zum Beispiel, ob er wirklich von den Grasbüscheln weg müsste und wieso er schneller laufen sollte. Und warum ausgerechnet außen rum? In der Mitte wäre doch auch Platz.

Die Frau sieht das anders. Der Lutschi hätte sich bitteschön von ihr zu entfernen, wenn sie böse guckt. Trab und Galopp auf puren Gedankenimpuls hin wäre auch nicht schlecht, alternativ würde halt ziellos mit der Longierpeitsche herumgefuchtelt. Aha. Der Lutschi ist davon nicht im gleichen Maße überzeugt. Erstens, so seine Argumentation, wäre es lustiger bei der Frau als alleine draußen auf dem Hufschlag. Mit der Frau könnte man nämlich toll spielen. Zweitens wäre die Peitsche zu kurz. Da könnte sie ruhig wedeln, was das Zeug hält, sie würde ihm nicht gefährlich werden. Und drittens wollte er wissen, ob die Frau denn ganz sicher wäre, dass er das tun müsste? Ja, das ist die Frau und wedelt noch etwas entschlossener mit der Peitsche.

Der Lutschi meint, er hätte da noch 'ne Frage. Ja?, meint die Frau, nun schon mit einem bösen Glitzern in den Augen. Ob er denn wirklich rechtsrum laufen müsste, linksrum wäre nämlich seine neue Lieblingsrichtung. Schwupps, weg ist er. Gefolgt von der Frau, die sich ja bekanntlich mehr bewegen will.

Der Lutschi. Wer hätte gedacht, dass er einmal bei mir in die Lehre geht und mir dabei hilft, die Frau zu gymnastizieren? Also ich nicht. Als er mir das erste Mal schläfrig in die Augen blickte, war ich noch sehr, sehr skeptisch, was unsere gemeinsame Zukunft angeht. Die Frau hat bestimmt auch nicht damit gerechnet, dass er sich so gut entwickelt. Sicher ist sie insgeheim sehr stolz auf uns beide.

Aber Haken schlagen muss sie wirklich noch üben, das geht geschmeidiger.

Tja, und dann kam der Tag, an dem sich der Mann auf Drängen der Frau auch mal aufs Pferd gesetzt hat, und zwar auf meinen besten Kumpel Faxe. Der wirkt so flauschig und hilfsbereit, ist aber in Wahrheit ein großer Philosoph und kennt sich aus. Außerdem hat es auf Anfang gefunkt zwischen ihm und dem Mann.

Vielleicht ist der heimlich auch ein großer Philosoph, wer weiß.

Auf jeden Fall hat er die Ruhe weg und ist im Gegensatz zur Frau dauerhaft tiefenentspannt. Wo sie hektisch in Büchern und Zeitschriften stöbert, um die neuesten Wahrheiten über Lektionen zu erfahren, die sie möglicherweise nie reiten wird, sitzt er einfach auf Faxe rum und tut, was ihm Frau Reitlehrerin sagt. Auch wenn er so nie erfahren wird, was es mit Courbette und Kapriole auf sich hat, macht er trotzdem einen ganz zufriedenen Eindruck. Und das macht die Frau wahnsinnig.

Der Mann reitet Seitengänge (und weiß gar nicht, was daran so besonders sein soll)

Neulich hat die Frau den Mann gefragt, was er denn jetzt im Reitunterricht so alles macht.

„Och", sagt der, „Trab und Galopp und so. Und Rongwehr."

„Rongwas?", fragt die Frau.

„Rongwehr. So seitwärts halt."

„Ach, so seitwärts. Renvers. Ah ja. Soso."

Die Frau ist grün vor Neid. Ihr war bereits zu Ohren gekommen, dass der Mann sehr schön reitet und „man da mittlerweile gut hingucken kann". Das war ja schon schlimm genug für sie, wo sie doch von Piaffe und Passage träumt und neuerdings Garrocha. Immerhin versucht sie das mit dem Reiten schon sehr lange und hat auch furchtbar viele Bücher darüber gelesen. Und da kommt doch dieser Mann daher und reitet irgendwelche komplizierten Lektionen, die ihm anscheinend gut gelingen und ist noch dazu locker und entspannt dabei.

Die Frau versucht natürlich, sich das nicht anmerken zu lassen und heuchelt Begeisterung. Der Mann, verwundert: „Wieso? Ist das irgendwas Besonderes?"

Die Frau springt fast aus dem Hemd, bleibt aber tapfer und faselt etwas von anspruchsvollen Lektionen für Fortgeschrittene. Den Mann langweilt das Gesprächsthema ein bisschen, weil er ja im Grunde seines Herzens nur ausreiten will. Den Reitunterricht hatte ihm die Frau aufgenötigt, die in dem Zusammenhang von Gesunderhaltung und Gymnastizierung sprach. Das hört sich ja auch vernünftig an, oder? Die Frau hatte aber leider vergessen, ihren eigenen diesbezüglichen Geltungsdrang zu erwähnen, den sie regelmäßig auf mir und neuerdings auch auf dem Lutschi auslebt. Sie nimmt das Reiten sehr persönlich, und wenn Frau Reitlehrerin – wie das so ihre Art und eigentlich auch ihr Job ist – mit Kritik nicht spart, ist sie entweder grantig oder am Boden zerstört, je nach Wetterlage. Statt dass sie mal innerlich ein bisschen lockerlässt, so wie der Lutschi und ich und auch der Mann, ist sie krank vor Ehrgeiz und eben auch grün vor Neid, weil der Mann mal eben das reitet, wofür sie ~~Jahrzehnte~~ Jahre gebraucht hat.

„Ja, und dann war da noch Schulterherein und Trawehr", fällt dem Mann ein, der zwischendurch an Fußball gedacht hat, während die Frau so komisch guckte.
Er mag dieses Fußball ganz gern, hat er mir mal erzählt. Klare Ergebnisse und kein Schnickschnack. Faxe meint, mit „Schnickschnack" würde der Mann gruppendynamisch-künstlerische Prozesse meinen, die die Frau für einen wichtigen Bestandteil ihrer Reiterei hält. Mit anderen Worten: Rumstehen und lästern und Firlefanz mit Pferdchen drauf für Zuhause kaufen. Woran ja erstmal nichts Schlechtes ist, weil sie mir in der Zeit keine rosa oder pinken Flauschi-Halfter oder Schabracken kaufen kann.

„Schulterherein auch? Und Travers? Das ist doch total schwierig", rutscht der Frau raus.

„Eigentlich nicht. Man muss halt nur das machen, was Frau Reitlehrerin sagt", erwidert der Mann, was ich sehr mutig finde.

Die Frau guckt inzwischen ziemlich humorlos.

„Frau Reitlehrerin hat auch von Piaffe gesprochen", behauptet der Mann, nur, um mal zu sehen, was als nächstes passiert.

Und jetzt weiß ich nicht, ob die Frau nochmal wiederkommt oder ob der Lutschi und ich jetzt Waisenpferde sind. Gerade eben jagt sie den Mann zum dritten Mal mit der Mistgabel um den Reitplatz.

Irgendwann haben sie sich dann wieder vertragen, aber die Frau hat ganz schön lange ganz schön böse geguckt. Der Mann hat sich aber nicht gefürchtet, weil er nämlich gut kochen kann und die Frau nett zu ihm sein muss, wenn sie leckeres Futter will. Mittlerweile fühlt sich so an, als bekäme sie dreimal täglich Mash und doppelt Heu. Das kleine Pummelchen.

Angeblich wirkt Essen ja beruhigend und entspannend. Bei der Frau leider nicht.

Locker wie ein Brett

Die Frau hat mal wieder gute Vorsätze und will lokker werden. Endlich, sag ich da nur. Frau Reitlehrerin hat sich den Mund fusselig geredet. Ich auch, aber auf mich hört ja keiner.

Frau Reitlehrerin: „Locker mitschwingen. Locker mit der Bewegung mitgehen."

Die Frau: „Geht nicht, ist grade so unbequem."

Frau Reitlehrerin: „Ja, weil du so verspannt bist. Lass' mal locker!"

Die Frau, wild mit den Armen schlackernd, : „Besser, ne?"

Frau Reitlehrerin, locker aus der Hüfte: „Nein, jetzt klemmst du mit dem Knie."

Die Frau, nicht amüsiert: „Irgendwo muss man sich ja hier festhalten, wenn alles so wackelt."

Frau Reitlehrerin erklärt, dass es deshalb so unbequem wäre, weil die Frau in der Hüfte blockiert ist.

„Aha." Die Frau guckt neugierig.

„Durch den Sattel nämlich", erklärt Frau Reitlehrerin hilfsbereit.

Die Frau liebt die Sitzprothese und runzelt die Stirn.

Die Riesenpausche vorn und der sehr tiefe Sitz und überhaupt. Das würde die Frau so einschränken in ihrer Bewegungsfreiheit, dass sie sich gar nicht mehr locker bewegen könnte.

Die Frau will das ja eigentlich auch gar nicht, dieses Rumgewackel. Deshalb hat sie sich ja so einen Sattel gekauft. Sie will nur bequem in dem teuren Dingens drinsitzen und ihre Ruhe haben. So wie die Leute auf den Turnieren, die pillegerade sitzen (manchmal auch in leichter Rücklage) und in ihren Sätteln eingezwängt sind. Das sieht schön aus und da ist ~~Spannung~~ Körperspannung und jede Menge Anlehnung, weil die Reiter sich die Pferde auf die Hand treiben und das will die Frau auch.

„Nein nein nein", sagt Frau Reitlehrerin. „Die Bewegung muss fließen. Durch den ganzen Körper hindurch. Alle Gelenke müssen locker mitschwingen."

„Nein nein nein", erwidert die Frau. Sie hätte da was von Kreuz anspannen gehört. Und Bauchmuskeln anspannen. Und auch von Körperspannung wäre in ihren Büchern viel die Rede. Auch im Unterricht wären diese Worte schon gefallen, sagt sie mit vorwurfsvollem Blick auf Frau Reitlehrerin.

Ja, aber nur vorübergehend. Einmal die Bauchmuskeln anspannen als Hilfe zum Antraben, zum Beispiel. Danach müsste die Frau gleich wieder alles lockerlassen.

Und überhaupt, erst mal wieder durchparieren und alle Körperteile locker ausschütteln.

Die Frau guckt motzig, gehorcht aber. Ich stehe gemütlich in der Bahnmitte rum, während die Frau Arme, Beine und den ganzen Rest ausschüttelt. Während Frau Reitlehrerin meinen Hals streichelt, erklärt sie der Frau, dass dieses ganze Reiten mit viel Körperspannung nicht wirklich funktionieren würde. Meist würde man sich irgendwo festmachen oder verspannen und sich dann zum Ausgleich am Zügel festhalten. Die Frau fühlt sich ertappt. Wenn man solchen Reitern nämlich den Zügel wegnähme, fährt Frau Reitlehrerin fort, würden die auch komplett den Sitz verlieren. Dann wäre es Schluss mit dem vermeintlich ruhigen Sitz. Bei Leuten, die es gut könnten, fänden tatsächlich pausenlos überall klitzekleine Bewegungen statt, um die Bewegungen des Pferdes durch den eigenen Körper durchzulassen. Locker halt. Stichwort Losgelassenheit – das Pferd könnte nicht losgelassener sein als der Reiter. Das findet die Frau doof.

Um sie wieder aufzuheitern, schlägt Frau Reitlehrerin vor, doch in der nächsten Reitstunde mal wieder den Fellsattel zu nehmen. Der wäre flauschig und bequem und würde auch wesentlich mehr

Bewegungsfreiheit bieten. Genau aus diesem Grund mag die Frau den Fellsattel nicht und fängt an zu diskutieren. Ich finde sie sehr mutig. Aber ich weiß, dass sie in dem Moment verloren hat, als Frau Reitlehrerin ganz beiläufig erwähnt, dass der Mann sich durch den Fellsattel reiterlich sehr verbessert hat. Die Frau guckt sehr, sehr nachdenklich und ich spüre, wie es in ihr arbeitet.

Ich finde, Frau Reitlehrerin kann toll motivieren.

Aber nicht nur dieses Sitzen ist schwierig, nein, auch Atmen kann eine Herausforderung sein.

Die Frau atmet

Die Frau atmet. Oder auch nicht – je nach Stimmung, Wetterlage oder Aktivität. Sofern man bei der Frau von zielgerichteten Tätigkeiten sprechen kann. Ich finde sie wirklich niedlich, aber manchmal ist sie ganz schön konfus.

Bei vielen Dingen kann sie locker durchatmen, zum Beispiel beim Ausmisten ohne Fluchen, beim Ausmisten mit Fluchen, beim Abäppeln ohne Schubkarre umschubsen, beim Abäppeln mit Schubkarre umschubsen – um nur ein paar zu nennen. Stallgasse fegen und Pferde putzen scheint auch unproblematisch zu sein, aber sobald es ans Reiten geht und sich Frau Reitlehrerin in ihrem Blickfeld manifestiert (Merke: Frau Reitlehrerin ist überall und sieht ALLES!), hört's auf und sie fängt an, hektisch zu schnaufen. Lustig, nicht? Als ob das beim Reiten helfen würde.

Tut es natürlich nicht. Das einzige, was passiert, ist, dass ich mich ebenfalls verspanne und an ihren merkwürdigen Atemrhythmus anpasse. Der Lutschi hat das mit dem Luftanhalten auch schon erlebt, aber weil er so ein Unschuldslamm ist, hat er sich nix dabei gedacht. Er denkt ja generell nicht ganz so viel wie ich.

Meistens hört sie ja auf zu atmen, wenn was nicht klappt (also oft), aber letztens haben wir aus Versehen ein richtig tolles Schulterherein hinbekommen. Als die Frau das gemerkt hat, hat sie vor lauter Begeisterung die Luft angehalten – ich glaube, um zu demonstrieren, dass sie unabhängig und flexibel ist und in jeder Situation falsch atmen kann .

Frau Reitlehrerin weiß natürlich auch, dass die Frau ein flexibler Minimal-Atmer ist. Neben „Locker bleiben!" ist „Atmen!" das häufigste Kommando im Reitunterricht. Als der Mann das das erste Mal mitbekommen hat, dachte er, er müsste Mund-zu-Mund-Beatmung machen. Fand die Frau nicht lustig. Ich hab aber trotzdem gelacht.

Frau Reitlehrerin und ich machen ja auch immer diese bewusstseinserweiternden Übungen, bei denen ich im Schritt auf dem Hufschlag herumschlurfe und ein kleines Nickerchen mache, während die Frau ihre diversen Körperteile entspannt wahrnehmen soll. Die will bekanntlich Piaffe reiten und hält nichts von

Entspannungs- und Wahrnehmungsübungen, weil das total doof und uncool aussieht. Frau Reitlehrerin findet das nicht. Sie meint, das sähe gut aus, nach Entspannung nämlich. Die Frau säße viel lockerer auf mir drauf als sonst. Ob es sich denn auch lockerer anfühle? Ja schon. Aber trotzdem. Sie wolle doch Piaffe reiten und nicht auf dem Pferd meditieren. Frau Reitlehrerin erklärt, dass gleichmäßiges Atmen auch zu den Basics gehört, ohne die nix funktioniert. Die Frau schnauft traurig. Siehst du, jubelt Frau Reitlehrerin. Durch die Nase ein- und durch den Mund ausatmen!

Das ist nämlich die aktuelle Lieblingsübung von Frau Reitlehrerin: Durch die Nase einatmen und durch den Mund ausatmen. Hört sich nach nix an, bringt aber total viel. Der Unterkiefer entspannt sich (meiner auch), man wird total locker (ich auch) und kann prima aussitzen (nur die Frau). Das gefällt der Frau. Was ihr nicht gefällt, ist, dass sie jetzt ständig Fliegen im Mund hat.

Ich glaube aber nicht, dass das vom Atmen kommt, sondern vom ständigen Rumstehen und Diskutieren mit Frau Reitlehrerin.

Währenddessen lernt der Mann weiter reiten.

Traversälchen

Die Frau fragt den Mann ja nicht mehr, was er im Reitunterricht so alles macht. Zu groß war die Schmach, als sie beim letzten Mal herausgefunden hat, dass er Renvers und dergleichen reitet, ohne überhaupt zu ahnen, was das für eine Kunst ist und wie lang die Frau schon versucht, ähnlich vorzeigbare Seitengänge zustande zu bringen und wie glühend sie ihn darum beneidet.

Nein, fragen tut sie nicht mehr. Zugucken beim Unterricht auch nicht. Die Blöße gibt sie sie sich nicht. Das wäre ja auch peinlich, wenn man einerseits so cool tut und sich dann beim Hinterherspionieren erwischen lässt. Aber die Neugier bringt sie um. Alle machen geheimnisvolle Andeutungen darüber, wie toll der Mann doch reiten würde und was er in der kurzen Zeit schon alles gelernt hätte, sogar Frau Reitlehrerin.

Das sähe richtig gut aus, freut die sich.

Die Frau macht ein ganz spitzes Mündchen. So?

Ob denn die Frau bei der letzten Reitstunde zugeguckt hätte, fragt Frau Reitlehrerin. Nicht? Der Mann wäre ein echtes Naturtalent. Sooo ein langes Bein! Und wie locker er sitzen würde.

Die Frau guckt sparsam.

Ja, macht Frau Reitlehrerin weiter. Und die Seitengänge erst! Er würde zwar immer Schulterherein mit Travers verwechseln, aber das, was er sich vorstellen würde, könnte er sehr korrekt reiten. Jetzt wäre man sogar schon bei den Traversälchen angekommen. „Traversälchen?" fragt die Frau entgeistert.

Jaja, Traversälchen. Der Mann würde das so locker und spielerisch reiten, das wäre wirklich hübsch anzuschauen.

Und das aus dem Mund der überaus kritischen Frau Reitlehrerin, die für gewöhnlich mit gar nix zufrieden ist, was die Frau reitet. Die Frau holt empört Luft.

Frau Reitlehrerin redet unbeirrt weiter: Und Faxe erst! Wer hätte gedacht, dass aus Faxe mal ein Dressur-Tinker würde! Zuerst hätte sie sich ja schon gefreut, als sich das Energiesparpony überhaupt erstmal wie ein Reitpferd bewegt hätte, und jetzt wäre er sogar ein richtiger Dressur-Tinker.

An dieser Stelle des Gesprächs bekommt Faxe, der gemeinsam mit mir das Gespräch belauscht, einen eigenartigen Gesichtsausdruck. Ich auch. Mein bester Kumpel mutiert zur Ballett-Elfe! Ehrlich gesagt fand ich Faxes Benehmen in letzter Zeit schon ziemlich streberhaft, aber andererseits macht es auch Spaß, mit dem Mann unterwegs zu sein. Ich weiß das, denn er begleitet mich ins Gelände, wenn die Frau mal wieder die Hosen voll hat, also oft, und unsere Ausritte sind legendär. Aber trotzdem. Ich hätte nie damit gerechnet, dass mein flauschiger Freund mal ein Traversalenturner wird. Wo doch jeder weiß, wie anstrengend das ist!

Die Frau hat sicher auch nicht gedacht, dass aus Faxe mal ein Dressurcrack wird, denn sonst hätte sie sich das viele Geld für den Lutschi sparen können und einfach Faxe mitreiten können, der ja jetzt anscheinend ganz nebenbei vom Mann ausgebildet wird. Das ist übrigens derselbe Mann, der eigentlich nur ausreiten wollte, bis er auf mysteriöse Weise Gefallen am Dressurreiten gefunden hat. Er selbst meinte mal zur Frau, das wäre wie beim Autofahren – mit Servolenkung würde es einfach mehr Spaß machen.

Aber nicht nur Faxe guckt komisch, wenn Frau Reitlehrerin über die Reitstunden mit dem Mann spricht. Auch die Frau kriegt so ein merkwürdiges Zucken, und bei ihr liegt es ganz sicher nicht an den Fliegen.

„Traversälchen", fragt sie noch mal. Nur um sicherzugehen, dass sie sich nicht verhört hat.

Wahrscheinlich erinnert sie sich gerade an das letzte Mal, als sie sowas versucht hat und mich übereilt und mit krumm gezogenem Hals quer über den Reitplatz getriezt hat. Das war übrigens die Reitstunde, in der Frau Reitlehrerin ihr erklärt hat, dass die äußere Hüfte keineswegs dadurch nach hinten – unten kommt, indem man das innere Bein steif nach vorne wegstreckt.

„Jaja, Traversälchen. Und dabei reitet er noch gar nicht lange", fügt Frau Reitlehrerin versonnen hinzu. „Vielleicht bildet er dir ja den Lutschi aus, wenn du ihn lieb fragst."

Und das war der Punkt, an dem die Frau mal wieder darüber nachgedacht hat, ob Minigolf nicht doch eine Alternative zum Reiten sein könnte. Ich wusste übrigens gar nicht, dass Frau Reitlehrerin so einen großartigen
Sinn für Humor hat.

Außerdem war es der Punkt, an dem die Frau beschlossen hat, dass Ausreiten toll ist. Unter uns: es gibt fast nichts, wovor die Frau sich so fürchtet wie vor dem Ausreiten - außer vielleicht davor, nichts Passendes anzuziehen zu haben oder kein Futter zu bekommen, wenn sie Hunger hat. Da haben wir wirklich was gemeinsam. Romantisch, nicht? Also nicht das mit dem Anziehen. Das ist ihr persönliches Problem – und meines, wenn sie wieder rosa und pinkes Reitzubehör für mich gekauft hat. Ich meine, was sollen die Mädels von mir denken? Schlimm genug, dass meine Mähne so dauerschief geschnitten ist, wie nur die Frau das hinbekommen kann, da muss sie mir doch zusätzlich nichts Pinkes anziehen. Immerhin bin ich ein Fast-Hengst. Und sensibel. Jawohl.

Wo war ich? Ach so, bei den Reitkünsten der Frau. Die sind ja strenggenommen nicht vorhanden, obwohl sie es zugegebenermaßen schon lange versucht. Und wie viele Bücher sie immer liest! Nur schade, dass das nicht beim Fühlen hilft. Und wenn sie nicht immer mit Frau Reitlehrerin diskutieren würde und statt mit dem Kopf mit dem Hintern denken würde, würde es auch beim Reiten besser klappen. Das sieht sie natürlich anders. Sie hält das alles für eine große Verschwörung, die sie daran hindert, Hohe Schule zu reiten. Oder wenigstens eine kleine Piaffe. Menno.

Also beschließt sie, statt Dressurqueen Ausreitqueen zu werden. Sattelfeste Abenteurerin, so was in der Art schwebt ihr vor. Oder furchtlose Wanderreiterin, die im Alleingang die Welt erkundet. Ein Hauch von Ingrid Klimke darf auch dabei sein. Leider Gottes ist aller Anfang schwer. Vor allem, wo der Mann jetzt auch ausreiten geht, und zwar mit mir.

Ausritt mit Tinker

Letztens war es wieder soweit – der Regen hatte eine längere Pause eingelegt und die Sonne schien so warm, dass der Frau doch glatt die Argumente ausgingen, weshalb sie angeblich gerade nicht ausreiten könnte. Sie ist ja weder nervenstark noch wetterfest, obwohl sie gern das Gegenteil behauptet. Typischerweise laufen diese Gespräche so ab:

Befreundete Reiterin: „Sollen wir ausreiten?"

„Würd ich total gern, aber dahinten sieht's nach Regen aus."

„Das ist ein klitzekleines weißes Wölkchen am ansonsten knallblauen Himmel."

„Ja eben." Angestrengte Suche nach einem weiteren Hinderungsgrund. „Außerdem müssen wir üben, wir haben in einer Woche wieder Reitunterricht."

„Oh, aha. Wie oft hast du denn Unterricht?"

„Einmal pro Woche."

„Dann hattest du also … gestern Unterricht?"

„Jaja, wir müssen viel üben. Zirkel reiten und so. Und vorwärts gehen. Der Pfridolin ist so faul."

„Oh, aha. Wird das denn besser, wenn man nur Zirkel reitet?"

„Komischerweise nicht."

„Vielleicht dann doch mal ein kleines Ründchen durchs Gelände…? Wegen der Abwechslung und so?"

„Ich weiß nicht, da sind doch bestimmt ganz viele Trecker unterwegs."

„Die Ernte ist vorbei und die Felder sind gepflügt."

„Die Bauern fahren doch auch schon mal zum Spaß
Trecker."

„Ach so?"

„Ja echt. Die tun das nur, um mich zu ärgern."

„Schon klar. Wusste gar nicht, dass du Angst vor Treckern hast?"

„Ich doch nicht!!! Der Pfridolin ist immer so unsicher im Gelände."

„Vielleicht fehlt ihm die Erfahrung?"

„Dem fehlt gar nix, der geht ja immer mit dem Mann raus."

„Hat er da auch Angst vor Treckern?"

„Was ist denn das für eine blöde Frage? Und überhaupt muss ich jetzt ganz dringend mein Sattelzeug putzen."

„Kein Problem, wir können auch danach noch ausreiten. Nimmst du halt den Lutschi, der ist ne coole Socke."

„ICH hab überhaupt keine Angst, dass das mal klar ist."

Später dann: „Na, ist der Sattel sauber? Können wir?"

„Schon, aber du, das mit dem Ausreiten verschieben wir lieber. Es wird ja bald dunkel, in fünf Stunden schon, dann ist das zu gefährlich."

So ist es sonst. Dieses Mal war es anders und die Frau konnte sich nicht rausreden, weil der Mann und ich mitwollten und außerdem Frau Reitlehrerin auf Faxe, meinem größtenteils schwarzen Tinkerfreund. Es war ausreichend früh am Tag, der Sattel war geputzt, Faxe, Lutschi und ich waren geschniegelt und gestriegelt, alle Haare waren ordentlich (bis auf meinen Fünf-Stufenschnitt, aber daran ist die Frau schuld und nicht ich) und weit und breit kein Wölkchen am Horizont.

Frau Reitlehrerin fragt, ob es losgehen könnte. Ja, Moment, nur noch schnell nachgurten. Und die Bügellänge kontrollieren. Die Bügel sind nämlich zu lang. Ach nee, zu kurz. Ach nee, ungleich. Der Lutschi steht kurz vor dem Einschlafen, Faxe und ich schnarchen schon.

Irgendwann ist es dann tatsächlich soweit und wir können unter den bewundernden Blicken der anderen Pferdebesitzer den Hof verlassen. Manche fragen die Frau, ob sie sich denn bewusst wäre, auf was für eine waghalsige Expedition sie sich da eingelassen hätte. Die wird kurzfristig grün um die Nase, behauptet dann aber, sie als alter Wanderreitprofi hätte alles unter Kontrolle. Außerdem wären Frau Reitlehrerin und Faxe als vierbeinige Aufsichtsperson dabei. Wenn ich sowas schon höre – als ob ich bisher nicht immer ordentlich auf sie aufgepasst hätte!

Frau Reitlehrerin drängt zum Aufbruch, weil die vierbeinige Aufsichtsperson schon in der ersten Tiefschlafphase ist und aufwendig geweckt werden muss. Der Lutschi und ich nutzen das für einen kleinen Imbiss.

Todesmutig reitet die Frau an. Für den Fall der Fälle hat sie dem Lutschi noch eine Fliegendecke übergezogen und sich selbst einen riesigen Regenmantel. Die ~~kanadische Wildnis~~ Sonntagsschrittrunde kann kommen.

Wir bringen die erste Wegstrecke hinter uns und begegnen weder Mensch noch Tier. Die Frau entspannt sich ein wenig und erzählt Wanderreitgeschichten, die sie sich im Zweifel eben erst ausgedacht hat.

Als die ersten Nordic Walker auftauchen, kriegt sie hektische Flecken. Nordic Walker sind gefährlich und stecken voller Überraschungen. Und diese Stöcke! Bestimmt passiert gleich was. Der Lutschi merkt, dass irgendwas nicht stimmt und verrenkt den Hals, um herauszufinden, wo denn die aufregenden Dinge sind, wegen denen die Frau Schnappatmung kriegt. Frau Reitlehrerin reitet unbeeindruckt vorneweg und ignoriert die Gefahr, während das spanische Mähnenwunder nichts Spannenderes als Faxes Hinterteil entdecken kann und einmal herzhaft zuzwickt. Die Nordic Walker klackern freundlich lächelnd an uns vorbei. Die Frau reißt sich zusammen und grüßt huldvoll wie die Queen persönlich. Der

Mann und ich zockeln hinterher. Das ist ganz praktisch, weil der Mann mich heimlich fressen lässt und die Frau das nicht merken soll. Die wird dann nämlich immer so humorlos und spricht vom Verfall der Sitten.

Im weiteren Verlauf begegnen uns Fahrräder, Autos und eine Kettensäge, bei der die Frau mit einem Mal wieder sehr kleinlaut wird. Der Mann räkelt sich wohlig und schreit die Frau an, wie herrlich entspannend so ein Ausritt doch wäre. Die Frau lächelt gezwungen und murmelt irgendwas, was ich nicht verstehen kann. Sie guckt ganz komisch. Vielleicht ist ihr aber auch nur warm unter dem Regenmantel? Der Lutschi versucht währenddessen, die Büsche rechts und links aufzufressen und kommt deshalb nicht so schnell an der Kettensäge vorbei.

Als es wieder leiser ist, dreht sich Frau Reitlehrerin im Sattel um und beglückwünscht die Frau und sich selbst zu den coolen Pferden. Pferde wären nämlich immer nur so cool wie man selbst. Jaja, das findet die Frau auch. Sie lächelt majestätisch und behauptet, sie wäre die Ruhe selbst, das würde natürlich auf den Lutschi abfärben. Unter uns: Der Lutschi ist so 'ne faule Socke, der würde sich noch nicht mal aufregen, wenn er dafür Futter bekäme.

Alles in allem war es also doch ein schöner Ritt. Das findet sogar die Frau. Das einzige, was ihr nicht gefallen hat, war die Wandergruppe, die schon von weitem „das schöne Pferd" bewunderte. Die Frau hatte schon wieder ihr huldvolles Lächeln aufgesetzt, als sie bemerkte, dass die Wanderer nicht den Lutschi meinten und auch nicht mich, sondern Faxe und seine wallende

Haarpracht. Das wird ihr hoffentlich eine Lehre sein, sagte auch der Mann, als ihm die Wanderer ihre Smartphones in die Hand drückten, damit er sie und Faxe fotografiert. „So viele Haare! So wunderschön!"

Nach diesem vielversprechenden Anfang kann es weitergehen, dank Frau Reitlehrerin und ihren tollen Ideen.

Die Frau singt und trabt

Unsere Ausritte haben sich verändert. Das ist gut, weil wir jetzt öfter rausgehen. Es ist aber auch schlecht, weil Frau Reitlehrerin letztens die tolle Idee hatte, die Frau in unheimlichen Situationen singen zu lassen. Singen wäre nämlich total gut für die Atmung und die Entspannung und vor allem super gegen Angst. Leider hat sie dabei übersehen, dass die Frau zwar laut und gern, aber auch furchtbar falsch singt. Und sich außerdem keine Texte merken kann.

Unheimliche Situationen sind übrigens alle, in denen sich irgendwas bewegt oder komisch anhört.

Mit anderen Worten: Die Frau singt dauernd, und zwar ausgerechnet „Trippel, trappel, Pony". Das ist aus einem uralten Film, der irgendwas mit einem Immenhof zu tun hat. Weil die Frau so alt ist, dass sie früher kein Pony hatte, sondern einen kleinen Dinosaurier, kennt sie sich mit diesen antiken Sachen aus. Ich glücklicherweise nicht. Die Melodie ist nervenzerfetzend und der Text besteht anscheinend weitgehend aus „Trippel, trappel, trippel, trappel, Pony!" Da kann das Zuhören auf die Dauer schon anstrengend werden. Glücklicherweise hört sie zwischendurch auch mal auf zu singen, und zwar immer dann, wenn ich trabe. Dann quietscht sie.

Sie hat es nämlich bisher nicht für möglich gehalten, dass man beim Ausreiten andere Gangarten als Schritt geht und das auch noch überlebt. Das erzählt sie Frau Reitlehrerin jedes Mal, wenn wir draußen traben – ohne Frau Reitlehrerin auf Faxe, der mittlerweile zum Dressurtinker mutiert ist, traut sich meine hasenherzige Besitzerin nämlich nach wie vor nicht ins Gelände.

Ich finde das vernünftig, denn so kann Frau Reitlehrerin auf sie aufpassen und ich muss es nicht tun. Außerdem kann ich so mit Faxe quatschen. Wir beide sprechen ja glücklicherweise Körpersprache, so dass uns das Gesinge der Frau dabei nicht stört. Beziehungsweise das Quietschen. Wenn gequietscht wird, müssen wir halt nur mehr auf unsere Füße aufpassen.

Dieses Traben draußen macht aber ganz schön viel Spaß – vielleicht entdecken wir ja sogar noch eine dritte Gangart? Die Frau fühlt sich jedenfalls jetzt schon wie Ingrid Klimke.

Als nächstes stellt Frau Reitlehrerin allerdings fest, dass die Frau Schultern hat, die ein ziemliches Eigenleben führen. Wie übrigens alle ihre Körperteile. Deshalb geht es erstmal mit Reitunterricht weiter.

Die Frau hat Schultern und andere Gelenke

Neulich im Reitunterricht hat Frau Reitlehrerin so locker und nebenbei, wie das ihre Art ist, zur Frau gesagt, sie sollte doch mal ihre Schultern lockern. Die Frau, ~~pampig~~ diskussionsfreudig bis zur Schmerzgrenze, wie

das ihre Art ist: „Wieso? Die sind locker."

„Nee, sind sie nicht. Du bist fest im Schultergürtel."

„Gar nicht."

„Doch. Und deshalb bist du auch nicht locker genug in den Armen und störst den Pfridolin im Maul."

„Das ist nur, weil der so unbequem ist. Und auch gar nicht durchlässig", fiel der Frau die rettende Ausrede ein.

Frau Reitlehrerin lässt sich durch sowas aber gar nicht irritieren, sondern weist darauf hin, dass ich mich möglicherweise gerade deshalb festmache. Feinste Impulse durchlassen, wenn man so grobmotorisch mit dem Zügel belästigt wird – no way! Dazu ist das Ganze denn doch zu unangenehm. Aber Frau Reitlehrerin hat eine Lösung: Die Frau soll doch bitte mal die Schultern kreisen lassen.

Will sie natürlich nicht. Mit der fadenscheinigen Begründung, sie wollte sich doch nicht komplett zum Affen machen. Dann hätte sie wohl besser nicht mit dem Reiten anfangen sollen, oder? Frau Reitlehrerin und ich warten.

Die Frau schmollt jetzt lautstark. Sie wolle Piaffe reiten. Und Galoppwechsel und überhaupt. Wenn sie voltigieren oder sonstige Akrobatik gewollt hätte, hätte sie sich dafür angemeldet. Aber sie wäre jetzt nun mal im Reitunterricht, woraus sich ergäbe, dass sie reiten wolle und nicht turnen, jawohl. Frau Reitlehrerin erklärt, dass es ohne Turnen nicht ginge. Die Frau guckt sehr, sehr sparsam. Außer natürlich, ergänzt Frau Reitlehrerin, die Frau würde spontan locker und beweglich. Die guckt bekümmert auf ihre Körperteile und verneint.

Also dann, kommandiert Frau Reitlehrerin, Zügel auf den Hals und die Schultern kreisen lassen! Die Frau gehorcht widerstrebend. Erst vorwärts, dann rückwärts und dann eine Seite vorwärts und die andere rückwärts. Das wäre anatomisch unmöglich, merkt die Frau an. Nach mehreren Versuchen geht es dann doch. Das sähe doch schon viel besser aus, behauptet Frau Reitlehrerin. Wie es denn mit den anderen Gelenken aussähe – da würde die Frau sich ja auch schon mal festmachen. „Sich festmachen" scheint ein anderer Ausdruck für „sich mit blockierten Gelenken krampfig anspannen" zu sein.

Frau Reitlehrerin ist sehr diplomatisch, nicht wahr?

Die Frau gibt zu, dass sie einen ruhigen Sitz anstrebt, bei dem sie sich möglichst wenig im Sattel bewegt. Grundsätzlich wäre das eine gute Idee, bescheinigt ihr Frau Reitlehrerin, aber dazu bräuchte man bewegliche Gelenke. Mit blockierten Gelenken könnte man die Bewegungen des Pferdes nicht durch den Körper lassen.

Schon wieder diese Durchlässigkeit! Und eine weitere Parallele zum Pferdekörper. Anscheinend sollen beide Körper Bewegungen durchlassen. Die Frau kraust die Stirn und fragt nach. Frau Reitlehrerin jubelt. Ganz genau! Die Frau hätte das genau richtig verstanden. (Erwähnte ich bereits, dass Frau Reitlehrerin toll motivieren kann?) Das Pferd sollte die reiterlichen Hilfen, die so dezent wie möglich sein sollten, durch seinen Körper durchfließen lassen und genauso sollte der Reiter die Bewegungen des Pferdes durch sich durchfließen lassen.

Und das ginge halt nur mit beweglichen Gelenken.

Soviel Input muss die Frau jetzt erst einmal verarbeiten. Im Moment schüttelt sie beim Reiten dauernd die Arme und Beine aus, was sie schön locker macht. Außerdem sieht es lustig aus. So haben wenigstens alle was davon.

Mittlerweile hat sich mein sogenannter kleiner Bruder, der spanische Zottelzwerg, ganz gut hier eingelebt und freut sich seines Lebens. Seine lange Mähne wuchert ungehemmt, während ich meine verschandelte Mähne unter einer unmännlichen Highneck-Decke verstecken muss. Leider reichen so ein paar spanische Mähnenfussel am Hals nicht aus, um sich gegen die hiesigen Wetterunbilden zu schützen. Aber der Lutschi hat ja von gar nix ne Ahnung, das ist mittlerweile hinreichend bekannt. Also muss sich die Frau um meinen geistig minderbemittelten Mitbewohner kümmern, weil der es nämlich alleine nicht hinkriegt. Aber dass sie so dermaßen um den Lutschi herumscharwenzelt, wie sie es im Moment tut, ist völlig übertrieben.

Das Herbstfell

Der Lutschi, der ja unser spanisches Mähnenwunder ist, hat sich letztens sehr gewundert, als es ein paar Tage lang geregnet hat. Soviel Wasser! Wo er früher gewohnt hätte, hätte es sowas nicht gegeben. Und fröstelig wäre es, meint er, während er wehleidig sein kümmerliches Sommerfell aufstellt. Zuhause hätte er sich um die Zeit immer die Sonne auf den Pelz scheinen lassen. Ob das Wetter hier vielleicht kaputt wäre?, fragt er und guckt so unintelligent, wie das seine Art ist.

Bei sowas schnaufe ich ja nur genervt. Was sich dieses spanische Weichei immer ausdenkt! Das hier ist nämlich ganz normales Wetter. Das ist überall gleich, jawoll, und da muss man sich nicht so anstellen. Ich stell mich ja auch nicht an. Also meistens nicht. Und dass man bei 10 Grad und Dauerregen ~~beim Personal~~ bei der

Frau eine Regendecke bestellt, ist ja wohl völlig normal. Sonst krieg ich nämlich Rücken und das macht richtig schlechte Laune.

Strenggenommen tut sich die Frau also selbst einen Gefallen, wenn sie mich dann eindeckt. Aber ansonsten ist das eben das Wetter und damit kommt so ein Kerl wie ich locker klar. Aber der Lutschi muss natürlich jetzt schon ein Deckchen haben, weil er ja so zart und exotisch ist. Memme.

Der Frau kommt das natürlich entgegen. Endlich wieder ein Grund zum Shoppen! Und was für ein lustiger Zufall, dass gerade diverse Reitsportkataloge ins Haus geflattert sind! Nun ist es ja nicht so, dass der Lutschi bisher nackt herumgelaufen wäre. Er ist im Frühjahr bei uns eingezogen und hat von der Frau als erstes eine Grundausstattung von fünf Decken bekommen. Eine ungefütterte Regendecke. Eine leicht gefütterte Regendecke. Eine Regendecke zum Wechseln. Eine etwas mehr gefütterte Paddockdecke und – richtig geraten – eine noch etwas mehr gefütterte Paddockdecke. Damit war aus ihrer Sicht der Temperaturbereich von plus 15 bis knapp über dem Gefrierpunkt abgedeckt. Der Lutschi sollte also unbeschadet dem deutschen Frühling und Sommer trotzen können.

Aber was, wenn jetzt plötzlich der Frost kommt und das iberische Zimperlieschen das große Frösteln kriegt? Da hilft nur eines: Richtige Winterdecken müssen her, mit denen der Lutschi kanadische Blizzards bei minus 40 Grad überstehen könnte. Die sind im Hochsommer schwer zu kriegen, aber wenn die

Frau ausreichend ~~hysterisch~~ motiviert ist, schafft sie fast alles. Jetzt steht der Lutschi mit einem Berg Pferdedecken da, der größer als er selbst ist, und freut sich, dass er die der Reihe nach ~~zerstören~~ benutzen darf.

Nichtsdestotrotz habe ich den Lutschi zusätzlich noch in die Feinheiten des Fellwechsels eingeweiht, denn damit kennt er sich anscheinend nicht aus. Ich habe dabei extra langsam gesprochen, denn das habe ich im Umgang mit der Frau gelernt. Auch wichtig: Kurze Sätze. Der Lutschi kann mir ja intellektuell nicht das Wasser reichen kann, darauf muss man Rücksicht nehmen.

Ich habe dem Mähnenwunder also erklärt, dass unsereiner sich jetzt allmählich ein puschelig warmes Fell zulegt – zuerst ein Herbstfell und später dann ein Winterfell. Der Lutschi hat mich mit großen Augen angeguckt und mir stolz die drei zusätzlichen Haare gezeigt, die er sich hat wachsen lassen. Mit der Bemerkung, er wäre jetzt ein Bär. Außerdem, sagte der Lutschi, hätte er ja Decken und noch dazu diese sagenhaft lange Mähne, die würde gut wärmen und auch optisch was hermachen.

Die Mädels würden die auch gut finden.

Tja, und seitdem frage ich mich, warum ich eigentlich der Einzige bin, der immer unter den Frisierkünsten der Frau leiden und seine verhunzte Mähne wahlweise unter einer Decke oder einer Schlammkruste verstecken muss, während beim Lutschi alles ungehemmt wuchern darf. Soviel Mähne ist doch sicherlich ungesund, oder? Was wohl der Tierschutzverein dazu sagt?

Leider hat sich der Tierschutzverein immer noch nicht gemeldet. Mittlerweile glaube ich an eine Verschwörung. Wenigstens ist meine Boxennachbarin Else im Moment sehr flauschig, um nicht zu sagen ~~aufdringlich~~ anhänglich.

Love Is in the Air

Es ist ein offenes Geheimnis, dass Else und ich eine dynamische On-Off-Beziehung haben, mit mehr Off als On. Ihr erinnert euch – meine Boxennachbarin Else. Die mit den langen Zähnen und dem schnellen Hinterbein. Die ständig über meine ~~Plautze~~ unsportliche Figur gelästert hat und mich zum Abnehmen vergattern wollte. Genau die Else, die mir immer den total verpeilten Konrad als leuchtendes Vorbild vorgestellt hat. Ja genau, Konrad. Das ~~Sportpferd~~ muskelbepackte Spatzenhirn. Als ob der mir in irgendeiner Weise das Wasser reichen könnte!

Was wesentlich geheimer ist, ist, dass sogar Else eine romantische Ader hat. Die tritt zwar nur selten zutage, dann aber richtig.

Es fing damit an, dass sie meine Nähe suchte, und zwar nicht, um mich zu beißen. Das fand ich schon ungewöhnlich. Elses Dauerdiät ist nämlich beendet und sie darf ohne Fressbremse auf die Weide, weshalb ich ihr aus Sicherheitsgründen erstmal aus dem Weg gegangen bin. Ich hatte ~~vorher noch übel über sie gelästert~~ ihr nämlich vorher noch allerlei Informationen über ihre Figur gegeben, von der auch nach der Diät noch ganz viel da ist, und fürchtete nun ihre Rache.

Da stand ich nun – hinter mir der Zaun, vor mir Else, und schnaufte einmal tief durch. Das muss sie so beeindruckt haben, dass sie mit einem Mal Herzchen in der Pupille bekam und mich vor lauter Zudringlichkeit fast noch in den Zaun geschubst hätte.

So ist das eben, wenn man eine unwiderstehlich männliche Ausstrahlung hat. Ich bin quasi der George Clooney der Pferdewelt. Da wird sogar so jemand wie Else weich.

Leider hielt die traute Zweisamkeit nicht lange an, weil Else sich auf peinlichste Art und Weise an andere Pferde rangemacht hat. Dass sie mit Stuti und Rosa herumgeturtelt hat, kann ich ja noch verstehen – ich MAG Stuten! Aber als sie dann noch Faxe und Konrad angeflirtet hat und noch nicht einmal vor dem Lutschi, der ja noch sehr unreif ist, zurückgeschreckt ist, war sogar für mich eine Grenze überschritten. Meine Else im wahllosen Liebestaumel! Und das, wo sie doch mich haben kann! Wenn ich mich getraut hätte, hätte ich sie zur Rede gestellt. Aber sie ist halt schon sehr groß und stark.

Anscheinend muss ich damit leben, dass wir eine offene Beziehung haben. Ich mit ihr und sie mit allen anderen Pferden.

Aber wie sagt man so schön: das Leben geht weiter, und glücklicherweise gibt es darin außer (manchmal) Else und (manchmal) Stuti und der Frau noch eine Frau, und das ist the one and only Frau Reitlehrerin.

Die Frau hat Hände – und irgendwie hängen die Schultern auch mit dran

Entgegen aller Wahrscheinlichkeit hat die Frau die Hoffnung auf Piaffe und Passage noch nicht aufgegeben. Neulich im Reitunterricht, als es grad mal wieder nicht so lief, wie sie das wollte (das passiert ja eigentlich dauernd, aber sie kann sich einfach nicht daran gewöhnen), fragte sie Frau Reitlehrerin mit ihrem schönsten Dackelblick, wann es denn endlich an die höheren Lektionen ginge. Das mit dem feinen Reiten hätte sie ja schon ganz gut drauf, da könnte man doch wirklich mal an die Piaffe denken. Sie würde schon so lange reiten, da wäre die doch mittlerweile fällig.

Außerdem ist sie natürlich neidisch auf den Mann, der noch nicht so lange reitet wie sie und schon Traversalen kann. Sie würde das aber nie zugeben.

Aber immerhin hat sie mich schon im Schritt zu Schulterherein und irgendwas genötigt, was möglicherweise Travers sein soll. Wenn das mal nicht höhere Lektionen sind! Und das, wo sie doch eigentlich schon mit dem Unterschied zwischen Links und Rechts überfordert ist. Ich bin empört und sehe Frau Reitlehrerin an.

Die guckt auf die Hände der Frau. Was es denn da zu gucken gäbe, sie hätte schließlich alles im Griff, blökt die zu Frau Reitlehrerin rüber. Wo ist nur der niedliche Dackelblick hin, frage ich mich im Stillen. Aber andererseits kenne ich meine Besitzerin ja schon länger, weshalb ich mich über den plötzlichen Sinneswandel nicht wundere. Frau Reitlehrerin geht es ähnlich, sie spricht unbeeindruckt über die Anlehnung, die ja bekanntlich vom Pferd ausgehen soll und nicht von der Reiterin. Das hätte die Frau ja tatsächlich schon gut hingekriegt. Die weiß gar nicht wohin mit sich vor lauter Stolz. „Siehste", nuschelt sie mir ins Ohr.

Tatsächlich, fährt Frau Reitlehrerin fort, könnte es aber noch besser werden, wenn die Bewegung der Hand – zum Beispiel im Schritt – nicht aus dem Arm käme, sondern aus den Schultern.

„Aha?", fragt die Frau irritiert. „Dieses Vor-zurückmitgehen?"

„Ja genau", meint Frau Reitlehrerin. Der Ursprung der Bewegung läge nämlich zwischen den Schulterblättern. Die Arme wären halt irgendwie nur dazwischen, um die Bewegung zu übertragen.

Die Frau staunt. Was Frau Reitlehrerin alles weiß! Wie man das hinbekäme, will sie wissen.

Entweder man wäre entspannt und in allen Gelenken locker – die Frau verneint – ooooder...

„Ja?", giert die Frau.

„Mit inneren Bildern", antwortet Frau Reitlehrerin.

„Und zwar?"

„Mit der Vorstellung, dass die Schulterblätter geschmeidig über den Rippenbogen gleiten. Von ganz allein und mühelos."

Die Frau denkt nach und probiert es aus. Fühlt sich nicht schlecht an. Wenn ich ganz ehrlich bin, hält sie sich schon seit ein paar Wochen nicht mehr am Zügel fest und die Anlehnung ist sehr viel leichter und angenehmer geworden, aber das hier ist tatsächlich besser.

Frau Reitlehrerin ist wirklich sehr klug. Ich bin auch ein ganz klein bisschen in sie verliebt. Sie erklärt der Frau auch, dass das nicht nur im Schritt so wäre, sondern in allen Gangarten. Der Arm wäre einfach so da, aber die Bewegung käme aus den Schulterblättern, die wie gut geölte Scheiben über die hinteren Rippen flutschen. Gut, die Finger dürften sich auch bewegen, um bei Bedarf einseitig den Zügel zum Vibrieren zu bringen. Man dürfe auch schon mal das Handgelenk eindrehen – und auch wieder aus, was die Frau gern vergisst. Aber mehr aktive Bewegung wäre da nicht. Der Rest wäre mitgehen mit der Hand und bloß nicht stören. Die Frau staunt und macht sich innerlich Notizen. „Und danach Piaffe", murmelt sie. Ich glaube nicht.

Aber beklage ich mich? Nein. Bis auf ein gelegentliches qualifiziertes Feedback oder auch mal eine streng objektive Schilderung hört man nichts von mir. Also fast nie. Als souveräner Fast-Hengst heul ich doch nicht rum wie ein Mädchen! Der Lutschi ist da ganz anders.

.

Lutschi in der Hölle

Neulich habe ich durch Zufall mitbekommen, wie sich unser minderjähriges Mähnenwunder, der Lutschi alias Lucero, bei meinem Kumpel Faxe ausgeheult hat. Er würde nämlich ausgebeutet, jawohl.

Ich spitzte die Ohren. Ich meine, wenn hier jemand ausgebeutet wird, dann ja wohl ich. Vor allem frisurentechnisch. Aber nein, der spanische Zottelzwerg mit der endlosen Wallemähne tut sich leid und jammert. Immer müsste er entweder die Frau oder Frau Reitlehrerin rumschleppen, und das wäre voll anstrengend. Nix mehr mit Welpenschutz.

Ich weiß ja nicht, wo er diese Ausdrücke her hat.

Von mir bestimmt nicht. Ich weiß auch nicht, wann dieses „immer" sein soll, weil ja eigentlich immer ich den entzückenden Mehlsack, dem wir beide gehören, im Kreuz hocken habe. Und von dem, was ich so mitgekriegt habe, hat der Lutschi nur drei-, viermal pro Woche Animation. Kennt ihr Animation? Das gibt's im Urlaub. Wenn man irgendwohin fährt, ist am Pool Animation. Das ist so Rentnerturnen. Faxe hat mir das erzählt, und weil der sich auskennt, kann man das auch glauben. Faxe ist nämlich ein Tinker, und was er nicht weiß, ~~denkt er sich aus~~ kann er überzeugend behaupten.

Aber zurück zum Lutschi, der sich immer noch leid tut. Immer müsste er vorwärts gehen, erzählt er dem tiefenentspannten Faxe. Immerzu. Das wäre doch ganz gemein, oder? Kein Zeitlupenschritt mehr, bei dem man heimlich nach Essbarem suchen könnte. Kein Zuckeltrab, in dem man von anderen Pferden im Schritt überholt wird. Das hätte sowieso nur daran gelegen, dass die im Schritt auf dem zweiten Hufschlag waren und so einen unfairen Vorteil hatten. Und außerdem längere Beine. Kein Stehenbleiben und Gras essen beim Führen. Und das wäre immer so schön gewesen! Er müsste jetzt ganz sicher verhungern. Wenn er nicht vorher schon an Langeweile sterben würde, meint er düster. Kein Umdrehen mehr an der Longe, was immer so lustig ist, weil die Frau dabei so komische Geräusche macht.

Nichts mehr von alledem, schloss der Lutschi seine Jammertirade ab. Er wäre jetzt in der Hölle, und sein Leben hätte keinen Sinn mehr. Noch nicht mal nachts in der Box wäre es schön, weil ihn dann sein doofer großer Bruder von nebenan ärgern würde.

Das finde ich ja schon frech. Da gibt man sich Mühe, die kleine Bratze zu erziehen und das ist nun der Dank! Ich habe mir aber nichts anmerken lassen, sondern weiterhin souverän das Stutenpaddock vor den ~~zweitklassigen Fast-Hengsten~~ anderen Wallachen abgeschirmt. Das fehlt mir grade noch, dass die Bagage mir die Mädels abspenstig macht! Paddocksaison ist nämlich gar nicht schlecht – hier habe ich sie alle schön auf einem Haufen und kann sie in Ruhe ~~angraben~~ beschützen.

Der Lutschi schnieft noch ein bisschen und wartet auf eine Reaktion. Als keine kommt, nimmt er seinen Spielball und trollt sich. Ich bin dann zu Faxe hin und hab ihn aufgeweckt. Merke: Wenn man sich bei jemand ausheult, sollte derjenige wach sein.

Ich geh dann mal wieder zum Reitunterricht. Der Lutschi ist damit ja ganz klar überfordert. Außerdem fehlt ihm der intellektuelle Zugang. Nur ein ganz besonderes Pferd mit meinen Qualitäten ist nämlich in der Lage, der Frau die Feinheiten der Reitkunst zu erläutern. Frau Reitlehrerin darf dabei natürlich nicht fehlen. Und gemeinsam geben wir die Hoffnung nicht auf, dass die Frau das mit dem Reiten doch noch lernt. Das ist anscheinend ein langer Weg, der mit überraschenden Wendungen gepflastert ist.

Die Frau hat Daumen (und möglicherweise Finger)

So eine Reitstunde steckt voller Überraschungen. Bei uns ist das jedenfalls so, und manchmal kommt die Frau aus dem Staunen gar nicht mehr heraus. Neulich zum Beispiel hat Frau Reitlehrerin erklärt, wie man die Zügel hält. Fand die Frau total uninteressant, die will ja Hohe Schule reiten und kann sich nicht um jeden Kleinkram kümmern.

Außerdem würde sie schon ewig reiten, erklärt sie Frau Reitlehrerin. Da wüsste sie ja wohl, wie man die Zügel festhalten würde. Hier so, zwischen Daumen und Zeigefinger und zwischen Ring- und kleinem Finger eingefädelt.

Soso, sagt Frau Reitlehrerin wenig beeindruckt. Wenn die Frau dann mal bitte die Zügelfäuste aufrecht hinstellen würde?

Die Frau gehorcht murrend.

„Und den Daumen dachförmig obendrauf", kommandiert Frau Reitlehrerin.

Wozu das denn schon wieder gut wäre. Das stünde zwar in jeder zweiten Reitlehre, wäre aber mit Sicherheit nur dazu da, um ihr und allen anderen Reitern das Leben schwer zu machen. Und doof sähe es auch aus, findet die Frau.

Das hätte den Sinn, die Hand locker zu halten, erklärt Frau Reitlehrerin.

„Ach was, das sind Zügelfäuste. Fäuste. Nicht Händchen. Da muss man also auch mal zupacken." In den Augen der Frau glitzert es aufsässig.

„Beim feinen Reiten eher nicht", bemerkt Frau Reitlehrerin, an der die vorwitzigen Sprüche der Frau abprallen wie Faxe an der Tür zur Futterkammer. Beim feinen Reiten, fährt sie fort, würde es nämlich darum gehen, mit beweglichen Fingern möglichst wenig auf das Pferdemaul einzuwirken.

Ich habe mich wie selbstverständlich in die Mitte der Reitbahn gestellt, weil die Frau nicht gleichzeitig zuhören und reiten kann. Außerdem kann mich Frau Reitlehrerin so besser streicheln, während sie der Frau erklärt, dass sie ihre verkrampften Eisenfäustchen lockern muss. So hat sie sich zwar nicht ausgedrückt, aber das hat sie gemeint.

‚Bewegliche Finger, soso. Was sich Frau Reitlehrerin so alles ausdenkt, um mir das Leben schwerzumachen.

Kann ich nicht einfach irgendwelche tollen Lektionen reiten? Piaffe und so', denkt die Frau.

Beim Reiten dürfte bekanntlich kein einziger Körperteil starr sein, fährt Frau Reitlehrerin fort. Alles wäre ständig in Bewegung, wobei diese Bewegungen oft so klein wären, dass man sie gar nicht sehen könnte. Man würde dann nur ein weiches, harmonisches Miteinander sehen. Vor allem die Hand dürfte niemals fest sein, sondern müsste immer weich das Pferdemaul fühlen und erspüren, was so alles im Pferdekörper vor sich geht.

„Und dafür muss der Daumen so albern umgeknickt werden? So … dachförmig halt?", erkundigt sich die Frau schlechtgelaunt.

Ja genau, erwidert Frau Reitlehrerin mit großer Ruhe. Dann könnte man die Hand nicht mehr verkrampfen und die Finger blieben beweglich. Den Zügel könnte man zwischen dem dachförmigen Daumen und dem Zeigefinger halten und mit den anderen Fingern bei Bedarf vibrierende Bewegungen ausführen.

Vibrieren auch noch. Demnächst müsste sie wohl noch Klavierspielen lernen oder was?, fragt die Frau, der das ganze Fingergewackel unheimlich ist.

„Schaden würde es zumindest nicht", antwortet Frau Reitlehrerin fröhlich.

Stell ich mir schwierig vor, mit zwei linken Händen. Aber es gibt nicht viel, was Frau Reitlehrerin nicht hinkriegt, wenn sie es sich in den Kopf gesetzt hat.

Nach der ersten Überraschung hat sich die Frau auch tapfer bemüht, ihren Daumen dachförmig auf der aufrechten Zügelfaust zu platzieren und siehe da – die Vorteile der neuen, feinen Anlehnung sind nicht zu unterschätzen. Die Frau findet mit einem Mal alles viel einfacher und ich auch. Gut, sie kann sich das mit dem dachförmigen Daumen nur maximal zwei Runden lang merken, aber dafür gibt es ja Frau Reitlehrerin.

Der Mann reitet übrigens gerade Trabtraversalen, aber heimlich. Um ihre Gefühle nicht zu verletzen. Sie hat es irgendwann doch herausgefunden, und das hat die überraschende Folge, dass sie und ich jetzt noch öfter ausreiten. Komisch, aber so ist sie nun mal.

Die Frau entdeckt die dritte Gangart

Die Frau reitet ja neuerdings regelmäßig aus. Eigentlich nur, weil sie im Stall damit angeben will, wie cool und mutig sie ist. Und weil sie es nicht erträgt, dass der Mann sich beim Dressurreiten so wacker schlägt und ihr jetzt auch noch im Gelände Konkurrenz macht.

Als das mit den Traversalen anfing, hat sie beschlossen, sich das nicht gefallen zu lassen und sich stattdessen wie eine Nacktschnecke an Frau Reitlehrerin geheftet, sobald die Anstalten machte, den Hof zu Pferd zu verlassen. Sie hat sie sogar dazu genötigt, sich Faxe auszuleihen, weil sich die Frau sicherer fühlt, wenn Faxe dabei ist. Verrückt. Als ob ich keine vertrauenswürdige Ausstrahlung hätte! Wenn es hart auf hart kommt, wird so ein verschnarchter Tinker als Erster von den Nordic Walkern oder vom Bus gefressen, während ich die Frau im wilden Zickzackgalopp sicher zum rettenden Reitstall zurückbringe. Aber mich fragt ja keiner.

Irgendwann hat Frau Reitlehrerin der Frau dann verraten, dass man im Gelände außer hektischem Schritt mit panischem Geschnaufe und besagtem Zickzackgalopp noch andere Gangarten reiten kann. Nämlich entspannten Schritt, Trab (möglicherweise von unmelodischen Gesängen begleitet) und Galopp.

„Galopp?" fragt die Frau ungläubig. Ich stelle interessiert die Ohren auf.

„Galopp", nickt Frau Reitlehrerin.

„Galopp kenn ich. Ist doof", erklärt die Frau kategorisch. Ich sehe das anders, aber mich fragt ja keiner.

„Gar nicht wahr", meint Frau Reitlehrerin und erinnert die Frau daran, dass sie im Reiturlaub auch draußen galoppiert wäre. Und zwar ziemlich lange, wenn sie sich so an ihre Erzählungen erinnern würde.

Jaaaaa, im Urlaub! ereifert sich die Frau. Da wäre ja auch alles anders gewesen. Zuverlässige Pferde und so. Und man selbst wäre auch sehr entspannt gewesen.

Vielleicht gäbe es ja einen Zusammenhang zwischen der eigenen Entspannung und dem Gemütszustand des Pferdes, schlägt Frau Reitlehrerin vor.

Der Frau fällt gerade ein, dass sie selbst grundsätzlich immer sehr entspannt wäre, geradezu meditativ. Es wäre also ausschließlich meine Schuld, wenn irgendwelche Ausritte oder Spaziergänge hektisch oder unharmonisch verliefen. Sie selbst hätte damit nichts zu tun.

Frau Reitlehrerin kichert. Ich auch, aber mehr so innerlich. Die Frau merkt es trotzdem und beschwert sich, ich würde sie auslachen.

Frau Reitlehrerin wechselt geschickt das Thema und macht die Frau darauf aufmerksam, dass die ja schon tolle Fortschritte gemacht hätte und mittlerweile ~~nicht mehr angstschlotternd im Sattel säße~~ halbwegs entspannt im Gelände traben könnte.

Tolle Fortschritte, ha! Das hört die Frau gern. Insgeheim fühlt sie sich ja schon ein bisschen wie Ingrid Klimke und ein ~~verwegener~~ ruhiger Galopp würde das Bild hübsch abrunden. Wie man denn zu einem gesitteten Galopp käme, ohne Bocken und sonstiges Rumhüpfen, will sie wissen.

Frau Reitlehrerin lächelt wissend.

„Ja wie denn nun", quengelt die Frau, deren Hasenherz mit einem Mal furchtlos und ungeduldig schlägt.

Frau Reitlehrerin verrät es ihr. Und das ist der Grund, warum wir jetzt schon den fünften Berg hinaufgaloppieren. Frau Reitlehrerin freut sich, dass die Frau nun auch mal im Galopp zum Treiben kommt und ich möchte nach Hause. Im Schritt. Sämtliche Busse und Nordic Walker der Welt können mich nicht mehr erschüttern. Jedes andere Pferd, aber mich nicht. Ich habe fertig, mir ist sehr warm und ich finde, die Frau könnte ruhig ein paar Kilo abnehmen.

Und jetzt sind wir endlich wieder zurück im Stall. Ich durchsuche die Frau methodisch, weil ich finde, dass mir jetzt sehr viele Belohnungsleckerlis zustehen. Die Frau findet, dass sie mindestens wie Ingrid Klimke geritten ist. Was Frau Reitlehrerin findet, wissen wir nicht – sie lächelt und hüllt sich in geheimnisvolles Schweigen. Bin mal gespannt, was sie der Frau nächstes Mal im Unterricht sagt.